家庭教師の技術

青戸一之・西岡壱誠

星海社

313

SEIKAISHA SHINSHO

はじめに

みなさんは、「家庭教師」についてどれぐらい知っていますか？

恐らくテレビCMやチラシ広告などで、その存在を一度は聞いたことがあると思います。

でも実際、家庭教師が何をどのように教えているかまでご存じの方は、どれくらいいるでしょうか？

みなさんが知っている通り、家庭教師は生徒に勉強を教え、成績を上げるのが仕事です。

しかし、家庭教師と生徒は一対一でやりとりをすることが多いため、実際に家庭教師に勉強を教わったことがある人以外は、家庭教師がどのようなテクニックを駆使《くし》して生徒を伸ばしているか、ほとんど知らないのではないでしょうか。また、家庭教師をしている人や家庭教師に教わったことがある人、現在教わっている人でも、せいぜい一人や二人のやり方を知っているくらいだと思います。

いわば、家庭教師の技術は密室の中に隠されているのです。

それを体系的にまとめ、みなさんにお伝えするのが本書の目的です。

この本では、教育事業を中心に活動する東大生集団「東大カルペ・ディエム」の集合知を通して、家庭教師の技術を解説します。著者を務めるのは、30歳から東大受験に挑戦し、15年を超える家庭教師・塾講師歴を持つ青戸《あおと》一之《かずゆき》と、『東大読書』シリーズなど数十冊の書籍に携わってきた現役東大生作家の西岡壱誠《にしおかいっせい》です。

家庭教師に勉強を教わろうと考えている受験生やその親御さん、家庭教師の技術を参考にしようと思っている学校や塾の先生方、家庭教師をやろうと思っている方など、さまざまな方に家庭教師の技術をお教えしていきたいと思います。

各章の解説をすると、まず最初の「第0章　教え方は生徒のタイプでまったく変わる」

は、家庭教師がどのように生徒の勉強のタイプを見極め、それぞれの生徒に最適な教え方を取っているのかを解説します。

「第1章　ティーチングスキル」では、学校とも塾とも違う、マンツーマンだからこそできる家庭教師のきめ細やかな勉強の教え方について詳述しました。

「第2章　コーチングスキル」では、短い授業時間だけでなく、それ以外の時間も生徒が自分で勉強して成績を上げるために必要なペースメイキングの技術をまとめました。

「第3章　コミュニケーションスキル」では、ティーチングとコーチングがしっかり効果を上げるために不可欠な、家庭教師が生徒としっかり意思疎通をするための実践的方法について述べました。

「第4章　家庭教師のお悩み相談　Q&A」は、家庭教師をするうえでありがちな悩みやトラブルについて、著者陣の経験をもとにまとめています。


さて、本題に入る前に「はじめに」でお伝えしたいことはもう1つあります。

それは「家庭教師の技術はビジネススキルにもなる」ということです。

この本は、家庭教師のスキルが得られる本です。しかし、それだけではありません。実は、家庭教師の技術というのは、社会に出ても重要になってくるような点を押さえており、仕事で必要なスキルを修得することにもなるのです。

まず、家庭教師は誰かに勉強を教える必要がありますが、「人に何かを教える技術」、つまりティーチングの技術は、会社に入ったときに必要となる「説明」のスキルにつながります。同僚や後輩に対して何かを説明するときには、「これはこうするんだよ」と説明をしていかなければならないですよね。

次に、家庭教師は勉強を教えるだけでなく、生徒の勉強の進捗《しんちょく》管理をしなければなりません。「人の進捗を管理する技術」つまりコーチングのための技術は、実際の仕事でプロジェクトを回していく上で必須になる「マネジメント」のスキルにつながりますよね。プロジェクトでは、「〇〇さん、この仕事いつまでにやっておいて」「△△くん、この仕事の進捗大丈夫？ 締め切りに間に合わなそうだったら早めにアラート出してね！」と確認・調整する必要があります。こういう進捗管理のスキルは、ビジネスマンには必須の能力になります。

最後に、家庭教師は生徒との信頼関係を構築し、生徒だけでなく親御さんとのコミュニケーションを密に取っていく必要があります。「人に信頼される話し方をする技術」、つまりコミュニケーションスキルは、ビジネスの現場ではなくてはならないスキルになります。取引先相手にどんなトークをすれば信頼してもらえるのか、「この人と一緒に仕事をしたい」と思ってもらうためにはどうすればいいのか。家庭教師の技術は、こういうところでも役立ちます。

このように、家庭教師の技術はそのままビジネススキルになると言っても過言ではないのです。

勉強だけでなく仕事での教え方に悩んでいる方には、「先生」を「上司」や「先輩」に、「生徒」を「部下」や「後輩」と読み替えて本書を読んで実践していただければ、きっと教え方の技術が向上すると思います。

というわけで改めて、本書『家庭教師の技術』では、家庭教師が実践している、勉強にもビジネスにも役立つ「教え方」の技術を解説していきます。

目次

第4章　家庭教師のお悩み相談Q&A

第0章

教え方は生徒のタイプでまったく変わる

家庭教師が生徒と向き合うとき、勉強を教える前にやっていることがあります。

それは目の前の生徒に向き合い、どんなタイプなのかを理解することです。学校や塾と違って一対一なので、生徒ごとの特徴を理解したうえで長所を伸ばし短所を補う、それが家庭教師の教え方です。

なのでまず最初に、生徒一人一人の教え方を左右する「勉強の仕方」と「理解の仕方」についてどのようなタイプがあるのか、どのように見分けるのか、そしてタイプごとにどう教え方を変えていくのかを、みなさんに共有させていただければと思います。

勉強の仕方の2タイプ

まず、勉強の仕方には2つのタイプがあります。

「勉強のやり方なんて1つしかないんじゃないの?」と考える人もいると思いますが、実は結構分かれます。

例えば、あれこれと指示を出してしまうと「えー、めんどくさそう」と反発してしまうタイプもいるでしょう。逆に、細かく指示を出さないと、「これってどうすればいいですか？」と不安になってしまうタイプもいると思います。

これを見分けるには、宿題を出すときの反応を見ているとわかりやすいです。「この問題集、5ページから21ページまでやっておいてね」と言ったとします。それに対して、「これって、どれくらいの時間をかけてやればいいですか？」「わからない問題があったときにはどうすればいいですか？」などと、問題を解く前に生徒からあれこれ質問してくるタイプもいます。

逆に、「はーい、わかりました」と何の疑問や文句も言わない代わりに、大雑把《おおざっぱ》にやってしまう子がいます。わからないところは飛ばしてやってしまうのですね。

このように勉強の仕方は、慎重に指示を待ちたいタイプと一気に終わらせてしまいたいタイプの2つに分かれます。

この2つのタイプを整理すると、次のようになります。

ウサギ型——自分が興味を持ったことを好きに進めたいタイプ
カメ型——慎重で丁寧《ていねい》に物事を進めたいタイプ

みなさんはどちらのタイプでしょうか？

「ウサギとカメ」の有名なエピソードに沿って考えていけば、最後に勝つカメ型のほうがいいのかと思ってしまうかもしれませんが、そんなことはありません。ウサギ型の人は瞬発力があり、速く物事を終わらせることができます。東大生にもどちらのタイプもいて、どの人もそのタイプに合った勉強を行った結果、しっかりと成果を出していました。

では、この2つの勉強の仕方に応じて、最適な教え方はどう変わってくるのでしょうか？

まず、カメ型の生徒から見ていきましょう。

カメ型は丁寧に物事を積み上げていきたいタイプです。ですから、カメ型で結果を出す人は、基礎を積み重ねるのは得意で、英単語や英文法、数学の計算問題や国語の漢字の問題などでは失点が珍しい、という人が多いです。

しかし逆に、積み上げていきたいタイプだからこそ、応用問題においては少し気後《きおく》れしてしまうところがあります。簡単な問題を何度も解くのは苦ではないけれど、応用問題を解いて「できない」と挫折してしまうのが嫌だということです。

自分が解けない問題や応用問題はしっかりと勉強してから解きたい――これを裏返すと、いつまでも基礎ばかりで応用になかなか進めない。これがカメ型の弱点だと言えるでしょう。そこを補ってあげるのが家庭教師の仕事です。

例えば宿題では基礎問題を出し、実際に向き合って勉強を教えるときには応用問題を出題してその解説をしていきましょう。

また、カメ型には指示を細かくしないと努力できないという弱点もあります。こういうときこそ、家庭教師の腕の見せどころですね。「いい、この問題集のこのページをこういうやり方でこの日までに終わらせてきてね」としっかり細かい指示を与えれば、非常に高いパフォーマンスを発揮してその通りに勉強するのは得意なのです。しかしその分、ウサギ型のように自分から何かやり方を開発していくことは難しいようです。カメ型の人は、このように指導する人や真似する対象がいれば強いのです。なので家庭教師として、細かく指示を出してあげましょう。

というわけで総合するとカメ型の人向けの指導方法は、

- 基礎問題からコツコツ積み上げていくよう促すべし
- 応用問題も解く習慣をつけてもらえるように、応用に挑むように促すべし
- やり方を真似して実践していくのが得意なので、やり方を細かくアドバイスするほうがいい

ということですね。

逆に、ウサギ型の人はどのように勉強するのがいいのでしょうか?

ウサギ型は、応用問題などはゲーム感覚で解ける場合が多いです。簡単な問題よりも、難しい問題に燃える。だから自分のレベルよりも上の参考書を選んで、ちょっとあやふやな知識でも頑張って進められるので必然的に学力も上がっていく……というタイプの勉強が得意です。

先ほどのカメ型の人が「基礎↓応用」の順番なのに対して、ウサギ型は「応用↓基礎」の順番なのです。

ウサギ型で結果を出す人の中には「英語の長文問題を解いて、その問題で出てきたわ

からない単語を覚えていくことで英単語を覚えたから、英単語帳は使ったことがない」なんて人もいるくらいです。

また、応用問題が得意なのでひらめきが求められる問題に対応しやすいのも特徴です。実際、「ひらめく」という言葉を多く使うのはウサギ型の人だと言われています。

反面、基礎問題においてはケアレスミスが多めになってしまいがちです。英文法や計算問題などで細かいミスをして点数が伸び悩んでしまう、なんてことがあります。伸び悩むし、点数がカメ型の人と比べてばらつきやすいです。こっちのテストではとても良かったけど、あっちのテストでは全然点が取れなかった、なんてことはかなり多いです。なので、しっかりと基礎の部分を徹底するよう指導しましょう。これには近道はなく、根気強く基礎の大切さを教えるのが一番だと思います。

また、カメ型の逆で、計画を立てたり人の話を聞いたりしてその通りにやる、というのが不得意でもあります。だから、細かい指示を出されるよりも、「なんかいい感じにやっといてよ」と家庭教師の先生から言われたほうが楽だ、と思う人が大半でしょう。

そして勉強法も、独特なやり方を実践している人がとても多い印象を受けます。カメ型の人が塾や先生のやり方をコピーしているのに対して、ウサギ型の人は独特かつ自分なりの工夫を開発して、それを実践している場合が多いです。

そのために、指導方法はなかなか難しいです。自己流のやり方を認めつつも、「でもここはこうしたほうがいいよ」とアドバイスをしていくのがいいわけですね。

というわけで総合すると、ウサギ型の人向けの指導方法は、

- **応用問題を解いてから基礎を作っていくやり方をおすすめするべし**
- **その上で、基礎が弱くなりがちでケアレスミスをしがちなことを自覚させるようにきちんとコミュニケーションを取っていくべし**
- **自己流のやり方をある程度は認めつつ、アドバイスをしていくのがいい**

ということになります。

いずれにせよ、まずは相対する生徒が、この2つのタイプのうちどちらの性質を持っている人なのかを、しっかり見極めることが重要です。

理解の仕方の2タイプ

次に、理解の仕方の2タイプをご説明します。

みなさんが向き合っている生徒は、「納得しないと進めないタイプ」でしょうか？

それとも、「納得しなくても大雑把な理解ができるタイプ」でしょうか？

世の中には現在、さまざまな性格診断が存在します。今回この本を書くにあたって、「FFS（Five Factors & Stress）」という理論も参考にさせていただきました。このFFSは、人間の性質を5つの因子で説明しているものですが、この中で「弁別性」という因子の強弱が、「納得しないと進めないタイプかどうか」を分けています。弁別性が強い人はものごとが黒か白かをはっきり分けて、無駄なく物事を進めようとする傾向が強く、なぜそうなったのかという「原因や理由」が気になってしまい、ちゃんとそこを理解して納得できなければ前に進めないことが多いです。逆に、弁別性が弱い人はそこまでものごとの背景に納得しなくても進めることができます。

要するに、「論理的に納得したいタイプ」と「大雑把でも納得できるタイプ」の2つの理解の仕方があるということですね。

論理タイプ――完全に理解、納得しないと進めないタイプ
大雑把タイプ――大雑把な理解でも進められるできるタイプ

これも勉強の仕方のウサギ型、カメ型と同じように、足りない要素を補ってあげることでより成績が上がります。

論理タイプは完璧に理解できなくても先に進むことを覚えたほうがいいですし、逆に大雑把タイプは、理由をしっかり考えて深く理解することを実践できなければ、勉強がうまくいかないことが多いです。どちらにもメリットとデメリットがあるのです。勉強して結果を出すためには、論理的思考も、大雑把さも、両方必要だからです。

「論理的なほうが勉強が得意なんじゃないの？」と思う人もいるかもしれませんが、そんなことはありません。

なぜなら、勉強は論理的に説明できるものだけではないからです。例えば、こういった質問にみなさんは答えられますか？

- 「1＋1＝2」となるのはなぜ？
- 「マイナス1×マイナス1＝1」なのはなぜ？
- 0に何をかけても0になるのはなぜ？

いずれも小学校、中学校レベルの問題ですが、そうなる理由を正確に答えるのは難しいですよね。

実は「1＋1＝2」の証明は大学で研究されるくらいの複雑な問題です。マイナスとマイナスをかけるとプラスになるというのも、学術的な研究の対象になっています。

このように、小学校や中学校で教わるような簡単な知識でも、その背景まで完璧に理解しようとすると、なんと研究者レベルの問題になってしまうのです。普通の中学生や高校生、さらに普通の大人が「1＋1はどうして2なのだろうか？　3や4になることはないのかな？」などと考えたところで、答えなんて出ないんですよね。

誤解しないでほしいのは、「大雑把でいい、勉強なんて丸暗記で受け入れたほうがいい」と言っているわけではないんです。そういう論理的に理由を問う姿勢はとっても大事で、知的好奇心は勉強には不可欠です。「なぜ」を考える思考は、勉強をより上のステージに上げるために絶対に必要です。

その上でここで言いたいのは、こういった本質的な問いの答えを知るためには、まずは知識として「1＋1＝2」「マイナス1×マイナス1＝1」「0×3＝0」を受け入れなければならない部分がある、ということです。そういうものとして一旦受け入れて、小学校や中学校の勉強で一通りの知識を得ないと、高校大学に進んで「なんでそうなっているのか」という本質的な理由を問う勉強はできないのです。それまでは一旦、論理的にでなく大雑把に「そういうものだ」と頭の中に入れて、それを前提に進んでいくしか道はないわけです。

わけのわからないものだけど、とりあえず受け入れて進まないと、それがなぜそうなるかわかるところまでは到達できない。だけど、受け入れ続けているだけでは意味がなく、伸び悩んでしまう。

この相反する勉強の2つの性質こそが、勉強ができない人を量産してしまう一番の原因です。

だからこそ家庭教師としてやるべきは、生徒がどちらの性質なのかを理解して、相手に足りない要素を補完してあげることです。論理的すぎるタイプの人には、やや心苦しいかもしれませんが「適度に諦《あきら》める」という道を提示する。具体的に言うと「普段の問題演習では5分考えたら諦めて答えを見て覚える」というルールを設定して勉強してもらう、などとするのです。先生のほうから「5分」という数字を決めてあげて、その決めた時間を過ぎたら必ずギブアップする、という約束をするのです。5分と決めておくことで、その時間ギリギリのところまではかなりの集中力で問題に向き合うことができますし、逆に諦めるときにも「あとちょっと」という曖昧《あいまい》なことを言わず、明確な基準を持って諦めることができます。

問題演習のタイミングだけではなく、普通に本や授業で勉強しているときにも、同じことが言えます。わからなかったら一定の時間悩んで、一定の時間が来たら諦める。そうして、わかるようになるタイミングが来るまで一旦保留にして、理解できなくてもまず知識として覚えてしまう。そればかりでは困りますが、一旦そんな大雑把さを持つ勇気を持ってもらえるように指導するのが、成績を伸ばすコツなのです。

逆に理解の仕方が「大雑把タイプ」の人は、一定の時間は諦めず、問題であれば答えを見ないで自分で考えてみるように促す必要があります。「これってなんでだと思う?」「どうしてなのか、しっかり考えてみよう」と、すぐに答えを与えて暗記させるのではなく、生徒が自分の頭で考えられるようなアドバイスをしていく指導をしましょう。そうすることで応用問題への適応力が上がっていきます。

ここまでの議論をまとめると、勉強においては「一定の時間悩んでみて、一定の時間で諦める」というペースを作ってあげるのが鍵となります。目の前の生徒が納得できるまで考え続けてしまう論理タイプでも、とりあえず飲み込んで暗記してしまう大雑把タイプだとしても、この「一定の時間悩んでみて、一定の時間で諦める」という思考習慣を身につけられるように導くのが家庭教師としての仕事です。

早く納得するのが本当にいいのか

ちなみに、理解の仕方における論理タイプと大雑把タイプとの亜種として、「なるほど」タイプと「うーん」タイプという区別もあります。

みなさんは次の2つのうちどちらのタイプの受験生が東大に合格しやすいと思いますか?

「なるほど」タイプ――先生から言われたことに対して、すぐに「なるほど、わかりました!」と反応する生徒
「うーん」タイプ――先生から言われたことに対して、すぐには反応せず「うーん」と考え込む生徒

家庭教師として教えやすいのは「なるほど」タイプの人ですよね。「こうしたほうがいいよ」という言葉に対して、素直に「わかりました!」と言ってくれるほうが、教える側としては楽です。

それに対して「うーん」タイプの人は、「こうしたほうがいいよ」と言っても、「でもこういうことも考えられますよね?」「これって本当にそうなんでしょうか?」と、すぐには受け入れずに考える時間が長く、家庭教師としても苦労する場合が多いです。

しかし、どちらのほうが志望校に合格しやすいかと言われると、「うーん」タイプで

す。知識を咀嚼《そしゃく》して受け入れるまでに時間がかかるけれど、それでも「うーん」タイプの人のほうが圧倒的に成績が上がりやすいのです。

そもそも、新しい知識を本当に理解するときは、今までの自分を変えるわけですから、「こういうことは考えなくていいのかな?」「これって何でこうなんだろう?」という疑問が頭に浮かんでこないわけがない、消化に時間がかからないわけがないのです。

「なるほど」タイプの人は、そうした考えを押し殺して、考えないように蓋《ふた》をしているだけです。自分が悩まないように、またはアドバイスした指導者と良好な関係を築くために、「わかりました!」と言っているだけなのです。しかし人間は悩む生き物ですから、本当はそんなに聞き分けよく「わかりました」となるはずがありません。

だからこそ逆に、聞き分けが悪く「でもこれって……」と聞いてくる「うーん」タイプの生徒のほうが、ちゃんと問題と向き合って悩んでいるのです。悩んで選択したほうが、行動にも結果にも表れやすいのです。

仮に「文系と理系、どっちの進路に進めばいいんだろう?」と悩んだとしましょう。そのときに、「なんとなくかっこいいから理系にしよう!」と考えて理系を選んだとしても、その選択を後悔しないのであれば、その選び方でいいと思います。

しかし、たいていの場合はそうではないですよね。「なんとなくかっこいいから」で選んだら、きっといつか後悔します。「なんでこういうことを考えなかったんだ」とか「あのとき考えていればよかった」と。

逆に、「理系だとこういうことも考えなきゃいけないよな」「これって大丈夫かな？」としっかり悩んだ末に理系にしようと思ったのだとしたら、その道に進んでからも「理系を選ぶとき、数Ⅲが大変だからどうしようと考えていたし、しっかり対策する必要があるな」などと悩んだポイントをうまく回避できるようになるかもしれませんし、後から大変な苦労があったとしても、その選択に納得できるはずです。

人間は悩む生き物であり、どんな選択をしたとしても悩みは尽きません。その悩みと向き合って納得するために「考える」訓練が必要です。その練習として「勉強」が必要だとも言えると思います。そして「悩む練習」としての「勉強」なのですから、勉強法に関しても、「あの先生が言っていることって正しいのかな、自分に本当に当てはまるのかな？」ということも、しっかり悩めばいいのだと思います。

「わかりました！」と気持ちよく受け入れる生徒をどうしても贔屓《ひいき》してしまいがちですが、多少聞き分けが悪くても、悩んでいいし、時には先生と議論する生徒のほうが成績は上がりやすいです。勉強を教える際には、ぜひこのことを忘れないようにしてください。

教える側のタイプと教わる側のタイプ

このようにして「勉強の仕方」と「理解の仕方」に関して理解すれば、相手にマッチした教え方をすることができます。

ここでもう1つ重要なのは、「自分の性格と相手の性格がマッチしているのかどうか」です。

人間は基本的に、自分と同じような人のことを優秀だと思う傾向があります。家庭教師をやっていると、「この子は見所があるな」「この子は伸びるな」と感じる瞬間があると思うのですが、「どういうポイントでそう感じたのか」を考えていくと、その判断基準は意外と「自分と同じような性質があるから」であることに気づくことがあります。「宿題について、細かいところまで聞いてくれるのはいいことだ」と感じたとき、そう考えるのは「自分も、細かい指示をもらって勉強をしていくタイプだったから」ということもよくあります。逆に、「こんな細かいところまで聞かないとできないのは良くないことだ」と感じたとき、それは「自分が細かいところまでは考えずに勉強するタイプだったから」という可能性も高いです。

相手のタイプと自分のタイプが違ったとしても、「この子はダメだ」という先入観を持ってしまうのは、本当によくありません。また、無理に自分のタイプに寄せようと考えるのも良くないことです。相手のタイプを理解した上で、しっかりとその生徒自身の資質を伸ばすように向き合っていきましょう。

そのために、まずは自分のタイプを理解する必要があります。勉強の仕方はウサギ型かカメ型か、理解の仕方は論理タイプか大雑把タイプか、自分はどちらなのかをまず確認しましょう。その上で、「自分は、論理的なタイプだから、論理的な生徒を優秀だと考える傾向がある。反対に、大雑把なタイプの生徒に対してはあまり評価をしない傾向があるかもしれない」と自己理解しておくのです。こうすると相手に対して、贔屓なしに客観的に向き合うことができます。

ちなみに、みなさんは「同じタイプの人に教える」のと「違うタイプの人に教える」のは、どっちが家庭教師としてうまくいくと思いますか？

基本的に、タイプが同じ子に教えるのはとても楽な場合が多いです。衝突が少なく、仲良くなりやすいです。みなさんが「教えやすい」と感じるのも、同じタイプの生徒だと思います。

しかし実は、伸びるのは、「家庭教師と生徒が違うタイプの場合」です。違うタイプだと、衝突も多いし、すぐには仲良くなれない場合もあります。でも、その分だけ相手の足りていない部分を補うアドバイスができて、生徒をぐんとレベルアップさせられる場合があるのです。少し対立しただけで悩みすぎてしまわないように、この点はしっかりと理解しておく必要があると思います。相手と自分が違うタイプでも、怖がらずに相手のタイプを補完する役割をしっかり果たしていきましょう。

第1章

ティーチングスキル

生徒を伸ばす教え方の鉄則5ヵ条

まず第1章では、家庭教師が実際に生徒に指導する際のスキルを説明していきます。「生徒を伸ばす教え方の鉄則5ヵ条」と題し、指導が始まってから終わるまでの流れに合わせて1つずつ順に説明していくので、自分が生徒に教えている場面をイメージしながら読んでみてください。

教え方の鉄則1　最初にゴールまでの道筋を示すべし

最初に指導を始めるにあたって意識すべきことは、生徒に勉強のゴールまでの道筋を示すことです。このゴールとは2つあり、1つは「志望校合格」のような最終的な目標地点、もう1つはその日の指導で目指すべき目標地点です。

まず1つ目の「最終目標までの道筋」について説明していきましょう。

例えばみなさんが、受験まで残り1年の生徒を受け持ったとします。その際、まずはその1年間をどのような中期目標や短期目標を立てて勉強を進めていくのか、全体像を見せてイメージを共有する必要があります。もし全体像を示さないまま指導を始めると、保護者の方はもちろん、生徒自身も不安にさせてしまいます。

みなさんが生徒側という逆の立場だったらどうでしょうか。講師から何も知らされないまま「まずは基礎固めから始めよう」と言われて、1か月間ずっと基本的な内容を反復させられたとします。すると、みなさんの心の中にはきっと「いつまで基礎をやるんだろう?」、「こんなペースで本当に間に合うのかな?」という不安が芽生えてくるでしょう。そんな状態では、なかなか目の前の勉強に集中しきれないですよね。

マンガやドラマではよく「黙って自分の言うことを聞いていればいいんだ」というカリスマ風の高圧的な指導者が登場しますが、現実でそんなことを言われたら、やはり「本当に大丈夫かな?」と不安になるものです。最初にゴールまでの道筋を示すのは、生徒に安心して勉強に集中してもらうために重要なことなのです。

最初に全体像が見えていれば、生徒からすると自分が今どこにいて、あとどのくらい走り切ればいいのかがわかりやすくなるでしょう。最初の地点と比べることで、今まで積み重ねてきた努力や成長も実感しやすいので、勉強のモチベーションにつながります。

毎回の指導でも全体像を示す

また、この「全体像を示す」のは毎回の指導でも同じです。

例えば120分の指導時間があるとしたら、その120分をどういう配分で使うのか、何を目標にして勉強するのかを最初に確認するようにしましょう。これも先ほどと同じ理由からです。例えば、いきなり説明もないまま延々と計算問題を1時間もやらされたとしたら、「いつまでこれを続けるんだろう?」「何のためにこんなに計算をやってるんだろう?」という気持ちになってしまいます。

目的意識がないと、勉強がただの作業になってしまいがちです。そのため、最初に「今日はこういうスケジュールで進めます」「今日はここまで進めて、〇〇ができるようになりましょう」とその日の予定と目標を示して、全体像を見せることが必要になるのです。

指導する側として「今日はここまで進めて、次回はこれをやって…」とイメージしながら臨むのは当たり前ですが、そのイメージを自分の中だけでとどめず、生徒や保護者の方と共有するようにしましょう。そうすることで生徒が目的意識を持って主体的に勉強しやすくなります。

教え方の鉄則2　教える側が話す量は最小限に抑えるべし

さて、ここから実際に指導する際の鉄則に移ります。2つ目のポイントは「教える側が話す量を最小限にすること」です。

みなさんは学校の先生、あるいは部活の指導者や先輩などで、「教えたがり」の人に出会ったことはないでしょうか？

説明するのが大好きで、こちらが知りたいと思うこと以上にあれこれ熱心に教えてくれる——このようなタイプの人は、塾や家庭教師の業界にも一定数います。

ここで「もしかしたら自分がそうかも」と思った人は要注意です。

熱心にあれこれ教えることは、一見すると生徒のためになりそうですよね。ところが、実はこちらが教えれば教えるほど、生徒が自分自身の頭で考える機会を奪ってしまって逆効果になるのです。

例えば、社会（地理）の勉強で「日本は米の生産量が多い」という内容を説明するとしましょう。このとき、「日本は降水量が多く、稲作に適した温暖な気候で……」と教科書に書いてあるような説明をダラダラとしても、聞いている側は退屈ですし、受け身の姿勢になるので頭にも残りにくくなってしまいます。説明を終えて生徒に「わかった？」と確認しても、実際に問題を解いて見ると全然理解できていないなんてことは珍しくありません。一方的に一から十まで説明するのは、ほとんど効果がないと言っていいでしょう。

では、どのような工夫をすればいいのでしょうか。

ポイントは、生徒に話させることです。こちらが話す代わりに、生徒に質問を投げかけて喋ってもらうのです。先ほどの稲作の話で言えば、まず「日本は米作りが盛んだけど、他にたくさんお米を作っている国って知ってる？」といったように、興味を引き出すような質問をします。生徒が答えられない場合は、世界地図を見せながら「他には中国やタイなんかで稲作が盛んなんだけど、これらの国に共通することって何だろう？」

と、少しずつ核心に迫るような流れで質問し、生徒に考えさせたり話させたりする機会を与えるのです。

こうすることで一方的な説明になるのを避けることができますし、生徒が主体的に勉強している感覚を持たせることもできます。

そして、生徒がこちらの質問に正しく答えられた場合は、大いに褒めてあげるとよいでしょう。「お、よくわかったね」「いいね、その通り！」など合いの手を入れながら説明と質問を交互にしていくと、生徒の気持ちも次第にノってきます。考えてもわからないような難しすぎる質問は避け、生徒のレベルに合わせながらヒントを出して誘導してあげると上手くいきます。

この「生徒に話させる」という方法が効くのは、どの教科でも同じです。例えば、算数の文章問題で「900メートル先の公園まで分速60メートルで歩いたら、何分かかるでしょう？」という問題を解く場合なら、

「距離・速さ・時間の関係の式って覚えてる？」

「うん」

「この問題だと、その3つのうちどれがわかってる?」

「距離と速さかな」

「そうだね。じゃあこの問題は時間を求めるわけだから、式はどうなるかな?」


といったように、質問をはさみながら説明を進めていくとスムーズに指導が進みます。くれぐれも一方的な説明にならないよう、注意しましょう。

質問には質問で返す

また、「教える側が話す量は最小限にする」に関連して、「質問には質問で返す」というテクニックもあります。

勉強を教えていると、「これってどういうことですか?」「どうやって解けばいいですか？」と聞かれることがしょっちゅうあります。このときも質問に対して一から十まで答えてしまうと、生徒の成長の機会を奪ってしまいます。そこで有効なのが「質問には質問で返す」ことです。

例えば英語を教えていて、“He must be hungry.”という英文をどう訳せばいいのかと聞かれたとします。このとき、「彼はお腹が空いているに違いない」とすぐに答えを教えるのではなく、まず「mustってどういう意味？」などと聞いてみるのです。そこで生徒が「○○しなければいけない」と答えたら、「○○に違いない」のほうの意味を覚えていないことがわかるので、テキストに戻ってmustの用法を確認するように指示します。

このように質問に対して質問で返すことで、その生徒がどこまで理解していて何の知識が足りないのかがわかるのです。

さらに、この質問返しにはムダな説明を省く目的もあります。

先ほどの“He must be hungry.”の例で、生徒が“must”ではなく“hungry”の意味がわからなくて訳せなかったとしましょう。ここで質問をせずに「この子はきっとmustの意味がわからなくて訳せないいんだろう」と勝手に間違った推測をした場合、こちらがいくら一生懸命「must＝〇〇に違いない」と説明しても、時間と労力のムダですよね。生徒も「知りたいのはそこじゃないのに」という気持ちで説明を聞かされて、集中力が下がってしまいます。このようなロスを避けるためにも、質問には質問で返すことを意識しましょう。

また、「この単語って何て意味ですか？」のように、辞書やインターネットで調べたらわかるような質問をされることがあります。この場合は答えを教える代わりに、調べ方を教えるほうがいいでしょう。知識ではなく調べ方そのものを教えることで、生徒が自分一人で勉強しているときにも自力で疑問に思ったことを調べられるようになります。最近は電子か紙かを問わず、辞書そのものを使ったことがないという子もいるので、辞書での調べ方も必要に応じて教えたほうがいいでしょう。

毎回こちらが説明するよりも、自分の手で調べたほうが頭に残りやすくなりますし、生徒の自立にもつながります。

ここまで見てきたように、こちらが教えれば教えるほど、生徒の理解や自立からはかけ離れていきます。「自分が話す量を最小限に抑える」というのは決して手抜きではなく、生徒に自分で考えたり調べたりする力をつけてもらうためだということを覚えておいてください。

教え方の鉄則3 ノートの取り方にも気を配るべし

次にお伝えしたいのは、生徒のノートについてです。

実は、勉強で伸び悩んでいる生徒は、たいていノートを見ればその原因がわかります。みなさんは「ノートがどうなっていれば、勉強法にどんな問題があるか」を想像できるでしょうか？

まず注目すべきポイントは、「ノートをとる目的を生徒がわかっているかどうか」です。なぜノートをとるかというと、勉強した内容を後で復習するためですよね。ところが、中にはノートが問題を解くためのただのメモ帳代わりにしかなっていなかったり、テキスト等に書かれている内容をただ丸写ししただけになってしまっている子がいます。他にも、色ペンをたくさん使って見栄えだけにこだわったノートを作る、間違えた問題に

×をつけてそのままにしているなど、後から見返して「何が重要なのか」「自分にとってどこが克服すべきポイントなのか」がわからない状態になっていることがあります。

こういう生徒はわかったつもり、あるいは勉強したつもりで終わってしまい、結果的にほとんど何も身についていないままになってしまいます。

こちらがまずノートの取り方の手本を見せる

誤ったノートの取り方のせいで「勉強したつもり」になってしまう、という現象を避けるために、まずはこちらが手本を見せる必要があります。口頭であああしろ、こうしろと言っても伝わりにくいので、説明する際に図や表、イラストなどを活用して、一目見てわかりやすいノートを作って示すのです。

例えば、理科で習う高気圧と低気圧の区別がなかなか覚えられない子であれば、このように必要な情報を一覧表にして、さらにイラストも入れて視覚的にわかりやすく見せます。

また、英語でどういうときに動詞に「三単現のｓ」がつくのかわからないという子に対しては、次のようなフローチャートを示してあげれば判断基準がはっきりして、自分で答えにたどりつくことができるようになるでしょう。

国語の文章の流れや歴史の出来事を時系列にまとめる際にも、同じように図やイラスト、表やフローチャートを活用すれば、要点がパッと見てつかめるようになります。

また、見返す目的とは少し話がそれますが、算数や数学で図形問題を解く際には、ノートに大きく図を描いて問題の条件をきちんと整理することも大切です。

特に図形問題が苦手な子に対しては、このような作業が問題を解くため

① 主語がＩでもyouでもない
⬇
② 主語が単数
⬇
③ 現在時制の文
⬇
動詞に“s”がつく！

三単現のｓのフローチャート

	高気圧	低気圧
気 流	下降気流↓↓	上昇気流↑↑
天 気	晴れ☀	雨☂
風の向き	時計回り⤵	反時計回り⤴

高気圧と低気圧の区別

にいかに重要かを伝えるため、ノートに図を描いたときと描かないときで解きやすさがどれほど違うかを見せてあげましょう。

他にも、計算ミスが多い子は式が横に伸びる傾向があるので、式を途中で区切って「＝」が縦に並ぶように途中式を書いて、計算の過程がわかりやすくなるように指示することも大切です。どこの段階でミスが生じたかがすぐにわかるので、縦に書く意味を理解してもらいやすいと思います。

このようなわかりやすいノートというのは、「百聞は一見にしかず」という言葉の通り、実例を見せたほうが早いです。単に言葉で説明するだけでなく、教えた内容をノートにわかりやすくまとめてあげることで、生徒がノートの必要性を実感したり、自分なりにどうまとめればわかりやすいかを考えたりするいいきっかけになるでしょう。

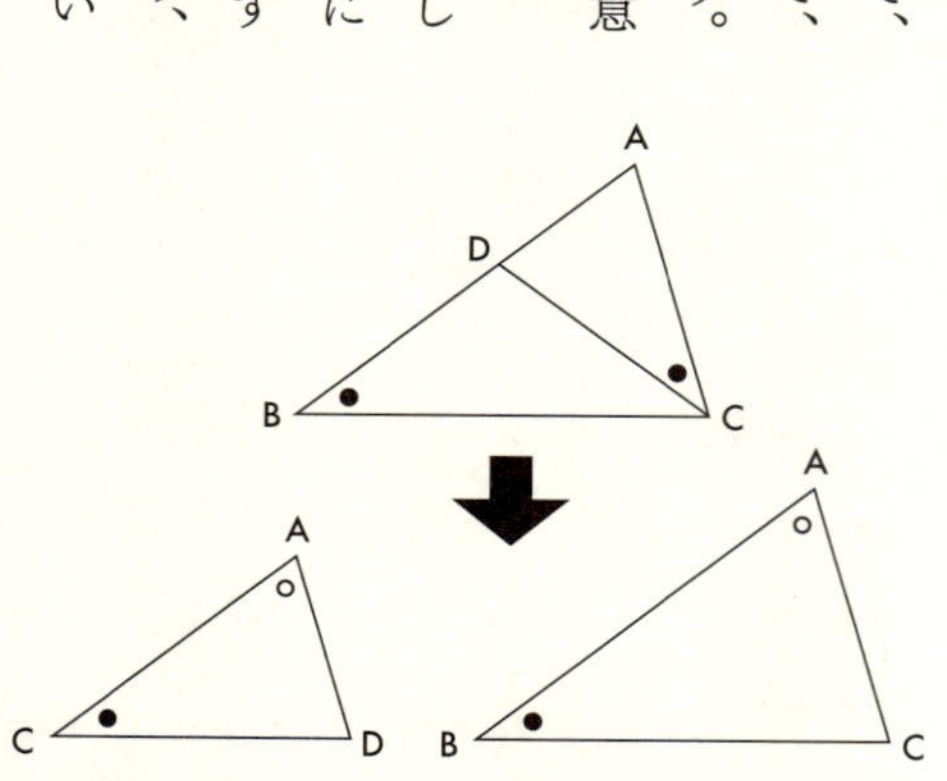

相似の証明問題の図形を視覚的にわかりやすく並べた例

わかりやすいノート作りは互いの利益になる

また、要点をまとめるだけでなく、自分のミスしたポイントをノートに記録させておくのも重要です。

生徒の中には、問題を解いて丸付けをした後に、間違えた問題をそのままにしたり、正しい答えを赤ペンで書いて終わりにしてしまう子がいます。これでは何に気をつけてミスを修正していいかわからず、また同じような間違いを繰り返してしまうでしょう。

そうならないために、まずきちんと丸付けと解き直しをさせた後、間違えたところがあれば「何がおかしかったか」「どうすればよかったか」というポイントをメモしておくよう指示しましょう。自分の手でミスの原因を書き留めておくことで、「次は気をつけよう」という意識を高めさせるのに役立ちます。

さらに、こうしたわかりやすいノート作りは、こちらが同じ説明を繰り返す手間を省くことにもつながります。

先ほど、勉強を教えるときには説明をすればするほど生徒には逆効果になるため、「自分が話す量は最小限に抑えるべし」とお伝えしました。ただ、時には数分前に説明したことを生徒が忘れて、もう一度説明し直さないといけない場合があります。そんなときでも、もしノートに要点がわかりやすくまとめられていれば、「さっき書いたところを見直してみよう」の一言で済みますよね。

生徒に自分で「ああ、そうだった」と納得してもらえたら、時間と労力が節約できるだけでなく、「さっき説明したでしょ」と心の中で小言を言いたくなるような、教える側のメンタルの消耗《しょうもう》も防ぐことができます。きちんとしたノートを作ることは、生徒のためだけでなく、こちらのためにもなるのです。

ちなみに私は生徒に勉強を教える際、説明しながらルーズリーフに要点を書いてまとめて、ファイルに教科や単元別に分けて保管しています。そして、以前説明したことを生徒が忘れているときは、そのファイルをサッと取り出し「これを思い出してみよう」と生徒に見せています。既に一度説明された内容で、なおかつわかりやすくまとまっているので、こちらが何も言わなくても生徒が思い出してくれることが多く、非常に助かっています。それを繰り返していると、だんだん生徒もノートの作り方を学んでマネするようになり、自分でわかりやすくまとめられるようになっていきます。

こうした見返す意義や価値のあるノートの作り方を教えるのも、家庭教師の重要な役割と言えるでしょう。お互いの利益に直結するので、いろいろなノート術を参考にしながら、適切なアドバイスができるようにしてください。

教え方の鉄則4　生徒ができない原因は、自分の思考回路を分解して考えるべし

さて、実際に勉強を教えていると、なかなか上手く説明が伝わらないことがあります。間違えた問題の解き方を解説したり、新しく扱う単元の内容を説明したりしても、いまいち生徒がピンときていない。違った切り口で説明をしても、まだ腑《ふ》に落ちないような表情をしていたり、また同じ間違いをしたりする。どうしたら伝わるかと焦《あせ》って、さらに説明を繰り返して泥沼にはまる……。

慣れないうちは、このような状況がよくあります。

この説明のループを避けるためには、「自分の思考回路を分解して考える」というテクニックが役に立ちます。

1つ例をとって考えてみましょう。英語を勉強したての小学生、あるいは中学生で、be動詞と一般動詞の区別がついていない子がいるとします。その子は「私はサッカーが好きです」という意味の英文を書く問題で、本来"I like soccer."と書くべきところを、"I am like soccer."と書いてしまいました。

さて、みなさんならどのようにして正しい文法を教えますか？

自分が解くのは簡単でも、教えるとなると意外と難しいかもしれませんね。もしどう教えていいか困った場合、「なぜ自分は解けるんだろう？」と考えると上手くいくことが多いです。

今回の問題を解く際に考える手順を一つ一つ文章化していくと、

①「私は」という主語を見て、英文の主語が"I"に決まる
②「好きです」という述語を見て、動詞が"like"に決まる

③　残った「サッカーが」の部分をlikeの目的語にして、文が完成

となるでしょう。

ここまでしなくても直感的に解けるかもしれませんが、解答を導き出すためのプロセスとしては①〜③のように考えますよね。この手順を“I am like soccer.”と答えてしまう生徒の思考回路と比べてみると、②のステップに問題があることがわかります。そして、②の思考の前提となる「英文の原則として、ｂｅ動詞と一般動詞を並べて使うことはない」という知識が抜けているのではないか、という予測がつきます。あるいは、これまで“I am〜.”という英文にたくさん親しんだために、「“I”の次には無条件で“am”がくる」と思い込んでいる可能性も考えられますね。

このような予測に基づき、「この“am”ってどういう意味か知ってる？」とか、「ｂｅ動詞っていう言葉、聞いたことある？」など、必要な前提知識が備わっているかの質問に移るのです。こうすれば余計な説明をすることなく、最低限のやりとりで生徒に適切なアドバイスができます。

ちなみにこの“I am like soccer.”の例は、私が塾講師のキャリアを始めたばかりの頃に直面した課題でした。私はもともと英語が得意で、当時は半ば感覚で理解しているところがありました。そのため、“I am like soccer.”のような間違いをする子に対して「いや、そうじゃないよ。正しくは“I like soccer.”だよ」としか言えず、なぜ“I am like soccer.”がおかしいのか、きちんと納得してもらえるような説明ができなかったのです。

あれこれ悩んだ末に、視点を変えて「何で自分は解けるんだろう?」「どういう思考プロセスで正しい答えにたどりついたんだろう?」と考えるといいのではないかとひらめきました。そして、一つ一つの思考のステップを生徒の間違った答えと照らし合わせて検証することで、生徒に何が足りないのかを見極めることができ、上手く説明できるようになりました。

このように自分の思考回路を細かく分解して分析すれば、生徒がつまずく原因が見えやすくなるでしょう。

できない原因が「積み残し」の場合は思い切って戻る

勉強を教えていると、学校や塾の授業で扱われている内容に生徒が全然ついていけておらず、戻り学習を余儀《よぎ》なくされる状況がよくあります。

例えば、連立方程式の計算問題を解かせると一次方程式の計算からそもそも怪しいとか、英語の不規則動詞が全然覚えられていないといったような、基本的な内容から抜けている子は珍しくありません。中3の生徒なのに中1の内容から、あるいは小学校の内容からやり直さないといけないような局面も往々にしてあります。

そのような場合は、思い切って必要なレベルまで戻りましょう。「そんな基礎のレベルからやり直している時間はない」と感じるかもしれませんが、学校の勉強はどの教科も積み重ね式になっています。高校の内容は中学までの基礎が、中学の内容は小学校までの基礎が固まっていないと、当然ながら理解できません。穴の空いたバケツに水を入れても漏れてしまうのと同じで、基礎ができていないのに新しい内容を積み重ねようとしても、効果はほとんどないのです。

先ほど「生徒ができない原因は、自分の思考回路を分解して考えるべし」とお伝えしましたが、実際にやってみるといかに積み重ねが大事かがわかります。例えば方程式の計算1つとっても、その中には文字式の計算、分数や小数の計算、加減乗除の計算など、非常に多くの要素が詰まっています。どれか1つでも欠けていると、正しく計算ができないでしょう。

そのため、生徒の理解度が怪しいと感じたら、「ここまではわかる?」と分解したステップを順にチェックして、どこまで戻ればいいかを検討するようにしましょう。ステップに従って実際に解かせてみたり、生徒自身の口で説明させるとより明確に理解度が測れます。

基礎からのやり直しは一見遠回りなように見えて、結局そのほうが早いというのはよくあることです。テスト前日のような急を要する場合なら、丸暗記で突貫工事をするのも仕方がありません。ただ、しょせんは付け焼刃の知識に過ぎないため、テストが終わったらすぐに忘れてしまうでしょう。

受験のような長丁場を考える際は、基礎固めのために戻り学習をすることは避けて通れません。積み残しは後になればなるほど大きく響いてくるので、発見次第すぐに対処するようにしてください。

教え方の鉄則5　自立につながる課題を最後に与えるべし

さて、いよいよ指導時間が終わりを迎えるタイミングになりました。その日の最後にやるべきことがあります。まずはその日の振り返りです。

この章の最初に「最初にゴールまでの道筋を示すべし」とお伝えしましたね。その日の指導でどんなスケジュールで進めて何を目標にするのか、生徒と共有することが大事でした。目標は立てっぱなしでは意味がないので、最後にどの程度達成できたのかを確認するようにしましょう。

このとき、こちらから「今日は○○ができるようになったね」などとフィードバックをする前に、先に「今日の勉強を振り返ってどうだった?」と聞いてみるのがおすすめです。生徒が自分で目標と自分の達成度を照らし合わせて、「○○ができるようになった」と実感することができれば、自信と意欲が芽生えるでしょう。もし自分で評価が難しそうであれば、こちらから前向きな言葉でフィードバックしてあげてください。

その日の目標が十分に達成できていれば、大いに褒《ほ》めてあげましょう。「次回もまた頑張ろう」という気持ちにさせてあげることが大事です。もう一歩届かなかったという場合は、「次回こういう風にして取り返そう」という修正プランを伝えます。

そして最後に生徒に宿題を出す際に、5つ目の鉄則「自立につながる課題を最後に与えるべし」を意識しましょう。

まず考えるのは、必ずその日に扱った内容を含んだ形で宿題を出すことです。いくらその日に教えたことができていたとしても、復習しないと忘れてしまいます。「前回はきちんとできていたのに、またやり直さないと……」と、こちらのプランが崩れることもあるので、適切な量と難易度の課題を出すようにしましょう。

生徒のスケジュールを考慮に入れながら、できれば複数日にわたってこなせるボリュームが理想です。1日で終わるような量だと、復習が不十分で記憶に定着しにくいだけでなく、勉強の習慣づけにもつながらないからです。

後の章で詳しくお話ししますが、家庭教師の役割は生徒の自立の手助けです。家庭教師と一緒にいる時間だけ集中したところで、せいぜい週に数時間程度のことで、たかが知れています。なので、生徒の成績を上げるためには、どれだけ一人で勉強する力を身につけてもらえるかが肝心なのです。その習慣づけのためにも、大きな役割を担っているのが宿題なのです。

そのため、生徒にも必ず宿題の意義と目的をきちんと伝えるようにします。ただ「宿題やっといてね」というだけでは目的意識が希薄になってしまい、「別にやらなくてもいいか」という気持ちが生じてしまう恐れがあるからです。仮にやったとしても、ただの作業になってしまって、思ったように定着につながらない可能性があります。

マンネリにならないよう、なぜ宿題が大事なのか、意図や目的を毎回伝えるようにしてください。生徒に合わせた内容と量で課題を出せるかどうかもまた、家庭教師の腕の見せどころと言えるでしょう。

第2章 コーチングスキル

一人で走る準備を整えるコーチングの鉄則14ヵ条

第1章でも書いたように、学習は家庭教師のみによっては達成できません。単純な時間計算で、私たちが生徒を見られるのは多くても1日に2時間～3時間程度でしょう。まとまった時間ではありますが、それでも1日24時間のうち、ほとんどの時間は一緒にいられないのです。

ですから、成績を上げるためには生徒自身で走りきる自走力をつけてもらう必要があります。そのときに重視されるのは、勉強内容を教える「ティーチング」ではなく、走るペースや走り方についてアドバイスを行う「コーチング」のスキルです。

この章では、どのようにコーチングを行うべきか、14個の鉄則にまとめました。自分以外の人に勉強をしてもらうための手段を模索していきましょう。

コーチングの鉄則1 勉強は「瞬間風速」ではなく「平均風速」

当たり前ですが、勉強は継続が第一。一夜漬けのように一瞬だけ頑張っても意味がありません。なぜならば、人間の脳はいずれ忘れてしまうものだからです。どれだけ瞬間的に頑張ったとしても、降り続ける雪が足跡を消してしまうように、いずれ頑張った形跡は消え去ってしまいます。そのため、どれだけ深い爪痕を残そうとも、瞬間的な頑張りには意味がほとんどありません。

跡を消さないためには、常に足跡をつけ続ける必要があります。一度通った場所を何度も往復して、自分の場所である証拠をマーキングし続けなくてはなりません。このとき、つける足跡の深さは関係がありません。どれだけ深く跡を残しても消えてしまうのとは逆で、どれだけ浅くても、毎日継続すれば痕跡はハッキリと目視できるようになります。すなわち、「一瞬だけすごく頑張る」のではなく、「ちょっとだけ頑張り続ける」必要があるのです。

この継続意識を生徒に持たせ、学習習慣を作ってあげるのが家庭教師の腕の見せどころです。

一方で、生徒たちの中には「一瞬だけ頑張ればいい」と考えている人も少なくありません。特に一夜漬けなどでテストを乗り切ってきたようなタイプには、この傾向は顕著《けんちょ》です。

しかし、定期テストのような、テスト範囲が狭《せま》く一過性のものであればともかく、大学受験や高校受験など範囲が広いものに関しては、一瞬の頑張りでは対応できません。まずはこのことを理解してもらう必要があります。

実際に、私も中学生、高校生のときには同じようなことを考えており、「一夜漬け」でテストを乗り切っていました。しかし、この勉強法では大学受験は突破できませんでした。たかだか教科書数十ページで終わる定期テストとは異なり、参考書数冊分にもわたる知識と演習を要求される受験には、一夜漬けのスキルが通用しなかったのです。そうして受験に失敗し、浪人を経験するわけですが、計画的に学習を進めていれば、本来は必要のない年月を過ごしたわけですから、これは学生時代の悪癖が尾を引いた大きな失敗でした。

継続の効果を理解してもらうためには、学習量を比較して見せるなどするといいかもしれません。普段のテストで勉強すべき量と、受験勉強で要求される量とは、絶対的に異なります。参考書の厚みなど目でわかる形で違いを提示すれば、一夜漬けがどれだけ無謀なことで、コツコツ勉強する習慣をつけることの意義を理解してくれるかもしれません。

コーチングの鉄則2 家庭教師の役割は「火加減調整」

そういった意味で、生徒の勉強継続における家庭教師の最大の役割は、「火加減調整」にあるといえます。生徒の頑張りの火を、燃やしすぎず、絶やさないように、ちょうどいい加減の息を送り続ける。そうして、常に頑張れる体制を整えてあげることが重要です。

そのためには、生徒にとっての「薪《たきぎ》」となる言葉を見極めましょう。

あなたの目の前の生徒は褒められてうれしくなって頑張るタイプでしょうか？　それとも、煽《あお》られて悔《くや》しさをばねに努力するタイプでしょうか？　もしくは、ご褒美《ほうび》があるといいかもしれません。「一緒に頑張ろう」と声掛けをしても希望を持たせることができます。ただし、孤独に走れるタイプの生徒には逆効果になりかねません。

目標を設定するにしても、どの程度まで決めるかは生徒次第です。例えば、週単位のノルマを決めて、あとは自分にまかせてほしいかもしれませんし、逆に毎日のやるべき内容を具体的に決めてほしい人もいるでしょう。場所や時間帯まで決めてきっちりルーティン化したい人は、管理してあげる必要が生じます。

往々にして勉強が嫌いな生徒は多いもので、勉強をしようと言っても、なかなか手につかないケースが多々あります。そういったときには、具体的に何をすべきか提示してあげるといいでしょう。「このページの問題を1問だけ解いてみよう」「今日やった文章を音読してみよう」と、具体的かつすぐに終わることが想像できるような課題であれば、手をつけやすいものです。あまり壮大な目標にはせず、5分~10分程度で終わるような簡単な課題を出題してみるところから始めるのがおすすめです。

逆に「燃えすぎ」な生徒には要注意です。自分のやりたいと思っていることを達成した瞬間に燃え尽きてしまい、それ以降の学習進捗に影響が出るケースも少なくありません。目標に向かって煽ることは有効な手段ですが、あまりにもやりすぎた場合、本懐《ほんかい》を遂げる前に挫折してしまう可能性があります。

実際、私が見てきた生徒の中に、とてもやる気があって毎日自習をしているような熱心な人がいました。彼は、家庭教師で教えに行った際にも積極的な質問を欠かさず、先行きも有望で、志望校合格も難しくない範囲に来ていました。しかし、センター試験(いまの共通テスト)が終わってから連絡が取れなくなり、受験直前の2月になったにもかかわらず、顔を合わせることがなくなってしまいました。心配になって連絡はしたものの、まったく返ってこず、結局彼と顔を合わせたのは3月になってからでした。

どうやら、受験本番に向けて毎日頑張り続けたそうなのですが、徹夜をするなどずいぶん無茶を通していたようです。そして、1つの山として掲げていたセンター試験が終わった瞬間に気が緩《ゆる》んでしまい、何日か勉強を休んだのです。これをきっかけとして、なかなか勉強を再開する気にならず、2月にはまる1日カラオケなどで遊んでいた日もあったといいます。試験会場にはなんとか行けたようですが、直前期の1か月をほとんど遊んですごした代償か、結局彼は第一志望に合格することなく、浪人していきました。

このエピソードは、私も大変反省しているところであり、未だに悔やまれます。直前期ギリギリまでは大変調子が良かったので、少し私にも油断するところがあったことは否めません。

このように、本当の目的を達成するまでは手綱《たづな》を緩めるべきではないのです。

極論を言えば、スケジュールやペース配分の設定を生徒が自分でできるなら家庭教師は必要ありません。ただし、これらを一人だけで設定できる人は、ほんの一握りです。

多くの人は、自分だけで計画を立てられませんし、立てた計画を守ることも、進捗によって計画を修正することもできません。家庭教師に求められているのは、そこの補助です。

相手のやる気をうまく引き出しながら、目標を不足なく達成できるような計画を一緒に立てて、その達成を助ける。そのために、時には褒め、時には叱咤《しった》激励《げきれい》することで、走り続ける理由を与えることが、最終的な合格の手助けになります。

コーチングの鉄則3 並走しながらメンタルを確認する

先ほど燃え尽き症候群になる学生の例を見ましたが、生徒が頑張りすぎないようにメンタルコントロールすることは肝要です。また、燃え尽きるだけではなく、途中で自信をなくしてしまう、逆に自信過剰になり慢心《まんしん》してしまうなど、学習マラソンの妨《さまた》げになるようなマインドセットにならないように、常に精神状態を把握《はあく》し、必要があれば相談に乗って調整してあげるのも家庭教師の役割と言えます。

難しいのは、生徒本人の申告ではどうしても見えない部分があること。「大丈夫？」と聞いても、十中八九「大丈夫です。問題ありません」と返ってくるでしょう。

ですが、これを鵜呑《うの》みにしてしまうと、実際には走り切れないアクシデントが起きている状況を見逃してしまうかもしれません。その結果、成績が下がってしまったのであれば、それは監督者である家庭教師の責任です。生徒は先行きが不透明な中、一人きりで走り続けているのですから、そこをうまくサポートしてあげなくてはいけません。

ですから、家庭教師であるあなたが、常に生徒とコミュニケーションをとって確認する必要が生じます。すなわち、ビジネスライクな関係性ではなく、プライベートな悩みごとでも打ち明けてもらえるような、ある程度親密性を築いた状態になる必要があるでしょう。

そのためには、家庭教師の側から仲良くなりに行く姿勢が重要です。生徒からすれば、あなたは知らない大人なのですから、警戒されて当たり前。受け入れられない状況が平常となるからです。ですが、それに甘んじていては、異変が起きたときに気づけません。何かあったときに、真っ先に相談してもらえるように、密なコミュニケーションを取り続けるようにしましょう。

具体的には、名前を覚えてあげることなどがあげられます。いつまでも「あなたは」とか「君は」などと代名詞を使うのではなく、可及的《かきゅうてき》速やかに「〇〇くんは」とか「××さんは」など、下の名前で呼んであげるといいでしょう。また、その際にも、そっぽを向きながら呼ぶのではなく、相手の顔を見ながら呼びかけるなどすると、親密感を演出できるかもしれません。

仕事や勉強の話だけではなく、雑談まで含めてコミュニケーションをとるようにしてください。常に必要なことだけしか話さないと、「この人は仕事でしか自分とかかわってくれないのだ」と思われてしまいます。

実際には、ビジネスライクな関係でいいのですが、それを子どもである生徒に意識させてしまうと、「わかってくれない大人」の一人としてカウントされてしまうかもしれません。それでは、相手の本心を聞かせてもらうことが難しくなってしまうので、相手との距離感を縮めるためにも、最初は雑談をベースとしながら話を始めるといいでしょう。

生徒と信頼関係を築くための家庭教師のコミュニケーションスキルについては、続く第3章でも詳しく解説しますので合わせてご覧ください。

コーチングの鉄則4 家庭教師の最大の仕事は「習慣づけ」

ここまで繰り返してきたように、家庭教師の最大の仕事は、生徒に「学習し続けてもらうこと」です。家庭教師は自転車の補助輪のようなもので、それ自体は走り続けるために必要な要素ではありません。むしろ、いちはやく補助輪を外して自走できるような能力を身につけてもらうことが家庭教師の本懐といえるでしょう。

つまり、普通は仕事を続ける上で「お客さんに継続して利用してもらうこと」が目的となりますが、家庭教師に関しては「一刻も早く生徒に自走力を身につけて卒業してもらうこと」が最終的な目標になるわけです。有能さとビジネスとしての成果は必ずしも比例しないのです。

家庭教師が自らのビジネスとしての一面を表に出し、家庭教師ありきでの勉強法を組み立てれば、確かに短期的には収入が継続するかもしれません。ですが、長期的な視点で見れば、「あの家庭教師は使えない」と噂《うわさ》が立ってしまい、自らの評判を落とす結果につながるでしょう。だからこそ、「家庭教師がいなくなっても勉強ができるような環境と習慣」の構築を第一目的として、ひとつのご家庭に留まり続けないことが理想となります。

実際には、そううまくは行きません。そもそも言われてすぐに自主学習の習慣がつくような子が相手であれば、家庭教師を雇うまでもなく、自ら学習し続けていることでしょう。あなたが雇われる意義としては「親や先生からの声掛けでは自主学習の習慣づけが不可能だった子どもに、習慣を身につけさせる」ことと予想できます。

そういった生徒に目の前の勉強ばかりを教えていても、どうしても自主学習の習慣は根付かず、目的は達成されないままになるでしょう。ですから、1回当たりの指導時間はそこまで長引かせず、宿題の量によって学習習慣をコントロールするというのも1つの選択肢です。一般的に家庭教師は1週間に数度の仕事があるケースがほとんどかと思われますが、各回の宿題の進捗具合を確かめて、どれだけの自走力が身についているかを確かめられるようにすると、家庭教師としての腕が上がっていくことでしょう。

ただし、1つ注意点があります。宿題の量を多くしすぎると、生徒が意図的にサボるようになったり、答えを写すようになったりしてしまうのです。

私も、生徒に自習の習慣をつけてもらえるように宿題を出したら、その子のキャパシティを大きく超えた宿題だったのか、答えを写してこられたことがあります。普段は解けないはずの問題を全問正解していたり、途中式が抜けていたりと、大人からみれば答えを写していることは明らかでした。ですが、こういうときに「答えを写しただろう」と責めてはいけません。必ずしも答えを写すことが悪いとは言えないためです。例えば、まったく手が出ないほど難しい問題であれば、答えを丸写しして解答の書き方を学習することも1つの手段と言えます。

このとき、私は「途中式が抜けているから、次からは必ず書いてください」などと注意しました。解答の書き方を学習できることが丸写しの利点なのに、答えだけを写すようではまったく意味がないからです。「○○してはいけない」と咎《とが》めるだけではなく、なぜダメなのか、どうすればいいのかまで指摘してあげると、生徒も何をすべきだったのか理解できて成長につながります。

コーチングの鉄則5　スケジュール管理は大人の役目

ここまで自習の大切さを強調してきました。その第一歩となるのが、勉強のスケジュール管理です。

大人であれば当たり前にこなしているスケジュール管理ですが、子どもたちにとってはこれが1つの壁となります。計画立てを一人で適切にできるところまで行けば、その子は一人でも立派にやっていくことができるでしょう。そのレベルに達してもらうためにも、計画の立て方を伝授することが家庭教師の大きな使命の1つになります。

どうすれば継続できる計画を立てられるのか。どうすれば計画通りに進められるのかはこれから説明しますが、まずは「スケジュール管理が大事」と頭に入れておいてください。

コーチングの鉄則6　最終的な目標から逆算する

スケジュールを決めるときのキーワードは「逆算」です。最終的な目標がどこにあるかを考えながら、それを過不足なく達成するために必要な仕事量を算出しましょう。

そもそも受験とは、必要な仕事量が達成できるか否かを問うゲームです。試験会場で問われた内容に答えられるか否かを問うものなのですから、それを可能にするだけの知識量を携えつつ十分な演習を積めば、それだけで問題はなくなります。このとき受験勉強は、「受験当日までに必要とされる勉強量をこなすことができるか」を問うだけのゲームとなります。納期までに十分量の仕事をこなせるかを問われるのです。

しかし、一度受験を経験した家庭教師サイドはともかく、受験に詳《くわ》しくない保護者の方や、生徒はそう捉えられません。ですから、「受験はあくまで納期を問うものである」ことを前提としながら、納期を達成できるようなスケジュールを組んであげることが家庭教師の仕事となります。

例えば、「東京大学に合格したい」という目標であれば、数学は『青チャート』と『1対1対応の演習』シリーズと……というように、具体的にどの参考書（もしくは単元）を履修すべきかを考えます。そして、達成すべきマイルストーンを設定し、その日までにその目標を達成できるようなスケジュールを立てます。「高校3年生の夏休みまでに『青チャート』を3周したいので、高校2年生が終わるまでに2周は終わらせる。そのためには、2周目を高校2年生の9月頃には開始して……」といった具合です。

逆に、ミニマムな視点から目標を立ててはいけません。特にやる気の空回りしている生徒は、目の前の課題しか見えず、それに全力を注ぎこもうとしてしまう傾向が強くあります。ですが、当然ながら1つの課題を完了させたからといって、それが合否を左右するケースはそう多くありません。家庭教師の利点は、当事者目線とはまた違った角度から、一歩引いた俯瞰できる目線で学習を捉えられることにあります。そこを十分に活かせるように、常に家庭教師は冷静さを崩さないように立ち回りましょう。

そのためには、残された時間の把握が必要です。最終的な目標まで3年残っているのか、2年残っているのか、1年しかないのか。それによって取れる選択肢の幅が変わってくるからです。

生徒に現状どれほどの能力があるか次第ですが、残された時間の総量によっては、目標がそもそも達成不可能であるケースもあるでしょう。その場合には、「正直に言って、この期限までにこの仕事を終わらせるのは不可能だと思う」と言ってあげることも必要です。負けるとわかっている戦いに生徒を送り出すことは、やはり家庭教師の本懐ではないのです。

コーチングの鉄則7　月当たりの目標を決める

具体的にスケジュールを立てるときは、時間の単位の大きい順に目標を立てていきましょう。最終目標、年間目標、四半期目標、月間目標、週間目標の順番で設定します。最終目標とは、最終的に何をしたいかです。「○○大学に合格する」「英検○級に合格する」など、具体的かつ達成基準が明確なものを設定してください。「頭が良くなる」など数値化されていないものは、「○月の模試で偏差値60をとる」など具体的に数値化してあげると明確になります。

年間目標以降の中期的、短期的目標は、最終目標を達成するために必要な仕事量から逆算して考えます。参考書基準かつ数値化された目標を立てるといいでしょう。「英単語帳を3周する」のように、具体的であればあるほどよいです。その目標を達成できるようにするには、どの程度のペースで進めるかを考えるべきですが、くれぐれも大きな時間の単位から決めていくようにしてください。

月間目標まで落とし込めば、何をどうすべきかわかる程度の仕事量になっているでしょう。ただし、そこで安心せずに最低でも週間目標までは落としてあげましょう。

できれば、1日単位のノルマまで落とし込めるといいですが、生徒の気質によっては、あまり管理されたくないタイプの人もいるでしょう。そうした場合には、1週間単位、もしくは3日単位程度でノルマを達成し、ゆるく進捗を管理してあげるといいかもしれません。逆に毎日やるべきことがガッチリ決まっていないと落ち着かないタイプなのであれば、毎日やるべきことを具体的かつ詳細に提示して、何をすべきか迷う余地を失くしてあげるといいでしょう。

生徒が自走できるようにするためには、明確かつ簡潔なノルマの設定が不可欠です。しかし、生徒自身でそれが可能であるケースは大変少ないのが現実です。多くの場合、目の前の事象しか目に入っておらず、1年先、1か月先の計画まで立てられることは稀《まれ》です。ですから、そこを補助して、「毎日のルーティンワークの延長線上に目標達成がある」状況を作り出してあげるようにしましょう。

コーチングの鉄則8 可処分時間を見える化する

毎日何をすべきかが決まったならば、その時間を確保できるように動きましょう。すなわち、1日の間にやるべきことをどの程度の時間でこなすことができるか、実際にシミュレーションをしてあげるのです。これによって、漠然とした「勉強」のイメージから、具体的にやるべき「タスク」の段階にまで認識レベルを具体化することができ、実際にやる意識が高まります。

そのためには、1日のスケジュールから考えてあげるといいかもしれません。まず、自分が毎日どのような1日を過ごしているかを可視化してもらいます。このとき、私は数直線を用いながら1日のスケジュールを可視化するワークを行います。0から12までの数字が書かれた数直線と、12から24までの数字が書かれた数直線を1本ずつ用意します。この数字は24時制での時間を表します。「0」のところは「深夜0時（24時）」で、「6」のところは「朝6時」といった具合です。

この数直線上に、生徒の平均的な1日のスケジュールを書き出します。何時から何時まで睡眠して、何時に起きて、何時に学校が終わり、自分にはどれだけの自由時間があるかを具体的に算出してもらうのです。これによって1日のうち、どれだけの時間を勉強や遊びに費《つい》やせるかをなるべく具体的に可能性として見せます。

実際には、それほどの自由時間があると感じられるケースは稀でしょう。なぜならば、SNSや動画サイトなどを漠然と見ていたり、何もせずにぼーっとしていたりする時間が1日のうちには含まれており、それらが自由時間の枠を削ってしまうからです。このような「何をしているかわからない時間」をどんどんあぶりだして削っていくことが、スケジュール管理上の基本になります。

当たり前のことのように聞こえるかもしれませんが、まだまだ子どもである生徒が自分自身でスケジュール管理をすることは意外と難しいので、家庭教師が手助けする必要があるのです。

コーチングの鉄則9　やることリストを作る

さて、具体的に1日に何時間の活動時間があるかを確認したら、次はその時間のうちに何を終わらせるべきかを確認しましょう。前項までで立てたスケジュールを元にしながら、「やることリスト」を作ってあげるといいでしょう。

このとき気をつけたいのが、家庭教師が「これだけの宿題をやって」「○時間は勉強して」と強制的にスケジュールを押しつけてはならず、生徒の可処分所得をあぶりだすワークを行って、生徒が自主的に「1日に○時間は勉強できるかもしれない」と考えるようにアドバイスするのに留めることです。

とはいえ、生徒にそこまでの積極性や自主性がないケースもあります。そういった場合には、家庭教師のほうから「1日に○時間勉強できるなら、その時間にやるべきことをまとめてリストにしてみようか」と提案してみてもいいかもしれません。そうすることで、「机に向かって3時間ぼーっとしただけで終わってしまった」などの事故を防ぐことができます。せっかく使うべき時間を確認したのであれば、その時間を何に使うべきかまでを考える。そうすることで、無駄なく時間と体力を有効活用できます。

やることリストは、具体的であればあるほどよいでしょう。「英単語帳をやる」ではなく、「英単語を50個覚える」とか「英単語帳を10ページ進める」とか、具体的かつ達成度が数値で管理できるような目標を立てなければ、後から振り返ったときに進捗を管理できなくなってしまうためです。

やることリストは最低限の宿題でありつつ、それが達成できれば十分と判断できる目標にしておきましょう。すなわち、「やることリストの内容プラス自習が必要」な状況にはならないように、リストを作成しましょう。やるべきことが終わったなら、その日の勉強は切り上げて遊んでいても、目標が達成できるようなタスク分けが最良です。最低限かつ最大限のタスクとなるように設定しましょう。

コーチングの鉄則10 計画にはバッファを設ける

こうして勉強のスケジュールを立てるわけですが、計画にはあらかじめ余白を設けましょう。例えば、1週間単位で計画を組むのであれば、月曜日から土曜日までは通常通り学習計画を立てて、日曜日だけは完全な空白にしてしまうのです。

余白（バッファ）を作る目的は、計画がうまくいかなかったときの遅れを吸収するためです。勉強が計画通り進めばいいですが、往々にして遅延は発生するものです。風邪《かぜ》を引いた、家族の行事が入った、思ったよりも勉強がはかどらなかったなどのアクシデントによって、計画はどんどん遅れていきます。

そういうとき一番やってはいけないことは、遅れを取り戻すために翌日以降のノルマを厳しくしてしまうことです。こうして負荷が増えていくとやがて手に負えなくなってしまい、勉強自体に向かう気力がなくなります。これを防ぐためには、「あらかじめ遅延が発生してもいい環境」を形成しておく必要があります。そのために、1週間のうち、1日は余白を設けておくことを強くおすすめします。

仮にその1週間で遅延が発生していなかったら、その日は1日自由時間として計上してしまって構いません。自分が足りないと思う分野の勉強をしてもらってもいいし、遊びに行ってもいい。逆に言えば、それくらいの緩さで完了できる程度の余裕を設けなくては、ストレスがたまってしまうでしょう。遅延ありきで計画は立てましょう。

コーチングの鉄則11 勉強を生活の中に組み込む

スケジュール以外にも、生徒が自主学習を進められるような習慣づけに役立つテクニックがいくつかあります。

せっかくスケジュールを作ったところで、生徒は「勉強はやるべきだからやる」とスケジュールを守れる人ばかりではありません。学生は部活に遊びにと忙しいものです。

その選択肢の中に「勉強」を自然に入れられるような、勉強を生活の中に自然に組み込むようなマインドセットをしていきましょう。

コーチングの鉄則12 勉強のタイミングを固定する

勉強を生活の中に組み込むために、まず大事なことは「学習する時間帯を固定化すること」です。朝でも夜でもいいので、「何時から何時までは学習する」と1日のスケジュールの中に組み込んでもらいましょう。

もちろん、これが大変であることは百も承知です。ですから、「いつも家庭教師で伺《うかが》う時間を基本にする」のが良いでしょう。そうすれば、週に最低でも一回は勉強する習慣を持ってもらえますし、うまくいけば、それ以外の日についても比較的抵抗なく学習習慣を根付かせることができるかもしれません。

とはいえ、それだけで学習習慣が根付くとは限りません。最初の数日間は難航すると予想されます。ですから、後述するような仕組みをいくつか合わせて導入することで、定着を図りましょう。

コーチングの鉄則13　勉強前のルーティンを決める

勉強習慣定着のためにおすすめできる工夫が、勉強前のルーティンの導入です。

ルーティンとは、「決まり切った一連の動作」のことで、野球のイチロー選手やラグビーの五郎丸《ごろうまる》選手が実践していた、ここぞというときの「決めポーズ」のようなものだと聞けば、ピンとくる方も増えるのではないでしょうか。つまり、なにか慣れないことを実践する前に、いつもやっている動作を繰り返して行うことで、精神状態を「いつもの自分」と同調させる試みのことです。例えば、イチロー選手の場合にはバッターボックスに立ってからバットを立ててスタンド方面に腕を伸ばし、袖を少しまくります。五郎丸選手の場合には、キックの前に、忍者のようなポーズをとります。

このように、一瞬でもいいので「毎回決まったポーズや習慣をつける」ことに意味があります。

何もポーズを取らなくても構いません。例えば、「勉強を始める前に水を一杯飲む」とか「机に座る前に5分程度ストレッチをする」とか、そういったものでもいいでしょう。

つまり、習慣化できるか否かが重要なので、どんなときでも実践できるような簡単なものであれば、何ごともルーティンになりうるのです。

筆者の場合には、「勉強前に、目を閉じて3回から5回程度、大きく深呼吸をする」ことがルーティンになっていました。受験生時代に実践していたルーティンですが、このおかげで、大学入試本番の場でも、まったく緊張しないままに、いつもの自分の実力を出し切ることができました。

ルーティンの役割は「いつもの自分」を引き出すことなので、ある程度の期間やり続けないと意味がありません。特に最初のうちは効果が実感できないかと思われますが、数週間程度もやり続ければ、勉強を始めるとき、だんだんと集中しやすくなっていることに気がつくはずです。

ある程度の期間継続することを前提に、生徒と相談して勉強前のルーティンを決めてみるのも勉強習慣づくりの一環と言えます。

コーチングの鉄則14 休むときはちゃんと休んでもらう

ここまで勉強の仕方について語ってきましたが、休むべきタイミングではきっちりと休むことが重要です。章の初めでも強調したように、長期間にわたる勉強では「毎日一定のペースで走り続ける」ことが重要です。一瞬のきらめきを求めて瞬間的に頑張るようでは、継続できません。それでは、成績も安定して上昇しないので、あまり意味がなくなってしまいます。

継続して頑張り続けるには、休むべきタイミングを見極めて、きっちりと休息をとる必要があります。例えば、「やるべきことリスト」が一通り終わったあと、体調がすぐれないときなどは、あまり無理して机に向かわずに、勉強をお休みしてもいいかもしれません。

とはいえ、休みすぎてはいけませんから、ノルマだけは最低でも終わらせたほうがいいです。完全に休みの日にしてしまうのは、それすらも手につかないときだけ、と決めておくなどしましょう。

第3章

コミュニケーションスキル

鉄板の質問3選と褒め方3ヵ条

この章では、家庭教師が仕事をする上で重要となる、生徒とのコミュニケーションのコツについて説明したいと思います。ここまで解説してきたティーチングとコーチングの手法も生徒との信頼関係がなければ効果が半減してしまいますし、生徒の今のコンディションを知る上でもコミュニケーションは必要になってきます。

家庭教師のコミュニケーションのポイントになるのは、質問の仕方と褒め方です。それぞれ「鉄板の質問3選」、「褒め方3ヵ条」と題して、どのように生徒とコミュニケーションをとれば上手く信頼関係が築けてスムーズに指導できるかを実践的にお伝えしましょう。

鉄板の質問1　好きなこと・ものを聞く

まず一番初めに確認しておきたいのが、生徒の好きなこと・ものです。生徒を指導するにあたって好きな教科を聞くことは多いと思いますが、それに限らず好きなスポーツやアニメ・マンガ、推しのアイドルやYouTuberなど、趣味に関係することを質問するのは鉄則中の鉄則です。

これはまだ生徒との関係性が築けていない初期の段階で、特に有効な質問です。もし共通の趣味があれば距離が縮まりやすいでしょうし、そうでなくともアイスブレイクの話題として盛り上がりやすく、相手のことを知るきっかけになります。

しかも、この「好きなこと・ものを聞く」ことの効果は、単なるコミュニケーションにとどまりません。勉強を教える上でも、非常に活きてくるのです。なぜなら、人に何かを伝えるときには例え話が有効だからです。

例えば、部活を熱心にやっている子に対して「スポーツや楽器の練習と同じで、勉強もサボったらどんどん勘が鈍っていくよ」と言えば、自分が普段やっている練習と勉強を置き換えて考えることができるので、単に「勉強をサボっちゃいけない」と言うよりも理解してもらいやすいでしょう。

それと同じように、勉強を教える上でその子に合った例え話ができると、とっつきにくい内容でもスムーズに理解してもらいやすくなります。サッカーが好きな子なら歴史上の偉人や小説の登場人物を有名な選手に例えて説明したり、ゲームが好きな子なら勉強のスキルアップや成績アップの計画・戦略をキャラクターの育成に置き換えて考えてみるなど、いろいろと応用が利きます。

これは何も趣味の話にとどまりません。勉強の内容を、勉強で例えることだってできます。英語が好きな子なら、数学の記号の意味や古文の助動詞などを英単語に置き換えて説明してあげると、興味を持ってもらったり印象に残りやすくさせてあげることができるでしょう。

反対に、やってはいけないのが、教える側だけがわかるような例え話を持ち出すことです。例えば、野球を全然知らない子に対して「テスト勉強でヤマを張るのは良くないよ。予想が外れたら手も足も出なくなってしまうから。バッターがストレートのタイミングで待ってて、変化球投げられたら空振りするのと同じだよね」などと話しても、絶対にピンときません。このようなギャップをなくすためにも、最初に生徒の好みを把握しておくことは大事なのです。

ただ、時には生徒の口から、自分がまったく知らない分野の話題が出るかもしれません。今学校で流行っているゲームや人気のインフルエンサーなど、ジェネレーションギャップもあって何のことかさっぱりわからないこともあるでしょう。

そのときは、「何それ、全然わからない」と話を終わらせず、「それってどんなの？ちょっと教えて」と聞いてみるようにしましょう。誰しも自分の話に興味を持ってもらえているのは嬉しいものです。もちろんしつこいと逆にウザがられたり話が脱線しすぎて勉強どころではなくなってしまいますが、まず聞いてみる姿勢が大切です。

そして、できればその後に生徒の趣味にまつわる情報を自分でネット等で調べたりして、また少しでも話が合わせられればベストです。自分の趣味の世界に歩み寄ってくれたと感じることで生徒との距離がまた縮まるでしょうし、生徒に合わせた例え話の幅が広がるので一石二鳥です。

私もこれまで韓流アイドルやアニメのキャラクターなど、生徒に教えられて初めて知ったことがたくさんありました。最初は「へー、そうなんだ」と生徒から教えてもらい、次に会ったときにその知識を使って話を振ると、「えっ、先生なんでそれ知ってるの⁉」と、とても嬉しそうな反応が返ってきます。明らかに生徒の表情が変わるので、ぜひ試してみてください。

鉄板の質問2　苦手教科はいつから苦手になったかを聞く

2つ目の鉄板質問は、苦手教科に関する質問です。最初に生徒の得意科目と苦手な科目を確認する段階で、後者については「いつから苦手になったか」を質問するようにしましょう。これは、教えるときにどこまでさかのぼればいいのかを確かめるためです。

普通なら学校の授業の進度に合わせて教えてほしいと言われることが多いですが、特に数学や英語のような積み重ね型の科目については、そのまま教えてもなかなか上手くいきません。苦手科目はそれまでの積み残しがあって、今学校で扱っている内容を理解するために必要な知識や経験が不足しているからです。

第1章では「課題は分解して考えるべし」という教え方のコツをご紹介しましたが、この「苦手になったのはいつからか」という質問も、分解という考え方に通じるところがあります。

例えば英語が苦手な子であれば、「三人称単数のところからよくわからなくなった」「関係代名詞や分詞のところからわからなくなってだんだん英語が嫌いになった」など、自分が苦手意識を持ち始めたタイミングをかなり明確に覚えていることが非常に多いです。

私自身も、中学までは数学が好きだったのに、高校に入ってから嫌いになりました。春休みにまったく勉強せず、高校数学の最初の段階からつまずいてしまい、ずっと苦手意識が消えませんでした。みなさんも思い返してみると、そのような記憶があるのではないでしょうか。

そのため、苦手科目は生徒がつまずいた段階のところまで戻って、一つ一つステップアップしていく必要があります。

もし「最初から嫌いだった」と言われたら、本当に最初から教えることもあります。生徒が勉強を嫌いになる理由はたいてい「わからないから」です。学校の授業についていけなくなり、テストで点数が取れず、周りに置いていかれているような疎外感や劣等感から嫌いになるケースがほとんどです。これは裏を返せば、理解できてテストで点数が取れれば楽しいということです。みなさんも学生時代は同じような感覚だったのではないでしょうか。

学校の勉強はうまくできているもので、基礎から一つ一つ段階を踏んでいけば、必ず理解できるようになっています。そのため、苦手教科はその場しのぎの対処療法はせず、つまずいたポイントまできちんと戻ってやり直すことが大切です。そのためにも、「いつから苦手になったのか」という質問をするのは鉄則になるのです。

鉄板の質問3　生徒自身の目標を聞く

3つ目の鉄板質問は「生徒自身の目標を聞く」ことです。

基本的には最初に教え始める段階で志望校や将来の夢などを確認しますが、生徒自身から明確な答えが返ってくることはあまり多くありません。保護者の方から「○○大学（あるいは高校）くらいは行ってほしい」「将来は安定した職に就いてほしい」などと言われることはあっても、もちろんそれが生徒の本音とは限りませんし、むしろ本当は全然違うことを考えていることさえあります。親の前では「どうせ聞く耳を持たないから」と黙っていることがあるので、二人きりになったタイミングでその子自身が抱いている目標を確認するようにしましょう。

はっきりした志望校や目標があれば、それに対して今の勉強がどうつながるか、どのくらい勉強すればその目標に届くかといった具体的な話ができます。それがプロゲーマーやYouTuberのような、ややもすると突拍子もないように見える目標であっても、決して否定せずに耳を傾けるようにしてください。「そんなの無理だよ」と否定した瞬間、生徒との間には大きな溝ができてしまいます。最悪の場合、二度と心を開いてくれなくなるでしょう。

その子がどういう考えの持ち主なのかを知ることは、あらゆる場面で役に立つものなので、「じゃあどうすればその目標が達成できるか一緒に考えてみよう」と前向きな姿勢で受け入れるようにしてください。

また、志望校や将来の夢がなければ、目標の成績や点数を聞くといいでしょう。特に小学生や中学生の場合は、自分の進路についてまだ明確なイメージが持てていないことが多いです。そのような場合は、「次のテストで何点取れたら嬉しい?」「どの科目の成績を上げたい?」と身近な目標にフォーカスすると目標を見つけやすいです。

その際に注目すべきは、生徒が野心家タイプか堅実タイプかという点です。

例えば普段テストで60点くらい取れている生徒に「今度のテストの目標は何点にする?」

と聞いたとき、「絶対に90点取りたい!」という人と「70点は取りたいな」という人にわかれます。前者が野心家タイプで大きな目標のほうがモチベーションが上がりやすく、後者が堅実タイプであまり大きな目標を掲げすぎると萎縮《いしゅく》したりモチベーションが湧《わ》かない傾向にあります。こう書くと野心家タイプのほうがよさそうに見えますが、あまり掲げる目標が高いと、目標に届かなかったときにやる気をなくしてしまう可能性もあることに留意しましょう。

ここで大事なのは、どちらがいいとか悪いとかの話ではなく、どのようなレベルの目標設定が本人にとってやる気になるかの違いを知ることです。もちろん教える側としては高い目標を持たせて、実際に結果を出したいところですが、こちらの考えを一方的に押し付けてもなかなか上手くいきません。いくら数字を掲げても、本人がその気にならないと意味がないのです。

ここで、それぞれのタイプに対してやる気を出させる、もしくは目標に届かなかったときにやる気を失わせないテクニックをご紹介します。その名も数字の二重目標です。

もし生徒が高い目標を掲げる野心家タイプの場合、背伸びしすぎて足元が、つまり自分の今の実力が見えていない場合があります。そのため、実際に本人が掲げる高い目標を達成しようといざ計画を立ててみると、越えるべきハードルがいくつもあってやる気がなくなり、絵に描いた餅に終わってしまう、ということになってしまうのです。また、仮にそのハードルを越えようと頑張れたとしても、目標に届かなかった場合には、努力が報われないと感じて、次のテストに向けてモチベーションが湧かなくなってしまうことがあります。

そこで、二重目標の出番です。二重目標とは、達成したい理想の目標とは別に、これだけは達成したいという最低限の目標も一緒に設定することです。こうすることで、野心家タイプの子が掲げる高い目標が達成できなかったとしても、もう1つの目標がクッションになり、やる気や自信の喪失を防ぐことができるのです。計画の段階からハードルが高い、あるいは多かったとしても、「最低限ここまではできるようになろう。ここまでクリアすれば、最低でもこれくらいの点数は取れるようになるよ」という共通認識があれば、実現に向けて地に足をつけた努力ができますよね。

そして、この二重目標はあまり高い目標設定を好まない堅実タイプの子にも有効です。

先ほど例に出したように、現時点で60点の実力の子が70点を目標にした場合、その子のポテンシャルからしてちょっと頑張ればすぐに達成できそうな気がしますよね。そのため、こちらはついつい「いや、70点なんて全然余裕だから80点を目標に頑張ろうよ」と言いがちです。もちろんこのようにハッパをかけられてやる気になる子もいますが、せっかく本人が言ってくれた目標を即座に否定するのもよくありません。

そこでまずは、「よし、じゃあ70点を取るためにどうするかを考えよう。今までのテストの内容を見ると応用まで手が届いていないみたいだから、勉強のペースを少し上げて応用問題を解く時間を増やすようにしよう」と現実的な対応策と計画を作成します。その上で、「これができたら70点取れるけど、もう少し頑張ってここまでできたら、70点どころか80点も目指せるよ」ともう1つ上の目標を提示するのです。

最初に自分の目標を達成するための計画が土台にあるため、それと比較してどうすればワンランク上にたどりつけるかがイメージしやすく、なおかつ無理のない設定であれば「じゃあそこまで目指してみようかな」と自然と欲が出てくることでしょう。仮に結果が80点に届かなかったとしても、そこに向かって努力していれば自然と元の70点はクリアしているはずです。初めから低い目標だけだと結果が出にくいものですが、このように二重目標を設定することで意識を高く持ちやすいのです。しかも最低限の目標がクリアできれば精神的なダメージも小さいため、「今度は80点取れるように頑張ろう」と前向きにトライする気持ちが生まれるでしょう。

このように、生徒のタイプによってうまく二重目標を使い分けることで、より高い目標を安心して目指すことができるのです。

さて、次は褒め方の鉄則3ヵ条に移りましょう。

褒める技術は家庭教師をやる上で必須です。

褒め方の鉄則1　とにかく褒める

昔は「勉強＝苦しいもの」というイメージが強く、特に難関大学の受験においては「四当五落（4時間睡眠で勉強を頑張れば合格でき、5時間も睡眠をとっていたら落ちる）」などと言われていました。もちろん勉強で結果を出そうと思えば楽しいことばかりではありませんが、指導者側が勉強に対してネガティブなイメージを植え付けるようなことは避けなければいけません。生徒を褒めて褒めて、勉強に対して前向きな気持ちで臨めるように工夫する必要があります。そのために褒める技術が必須なのです。

特に成績が芳しくない子の場合、勉強で褒められた経験が少ないため「どうせ頑張ってもムダ」「やってもわかりっこない」という意識を強く持っていることが多いです。

そこで褒め方の鉄則1「とにかく褒める」を実践しましょう。

どうすればいいかというと、文字通り何でもいいから褒めるポイントを見つけて、積極的に生徒に伝えるのです。

褒めるポイントはどんなに小さなことでも構いません。例えば「机に座ってペンを持つ姿勢がいいね」とか「机の上がきれいに片付いてるね」とか、ほんのささいなことでいいのです。人は褒められると気持ちがいいものです。こちらが積極的に褒めるようにすれば徐々に「勉強＝楽しいもの」というイメージが生まれ、前向きな気持ちで勉強に向かえるようになります。

そのためには、こちらが「これぐらいできて当たり前」という自分の中の基準を一度取り払う必要があります。例えば、次回の指導までに復習用の宿題を出したとします。教える側とすれば、「出した宿題をきちんとやることは当たり前」という意識がありますよね。この場合、仮に生徒がきちんと宿題をやっていても、大して褒めようという気持ちにはならないのではないでしょうか？　また、仮に宿題ができていたとしても、もしそれが直前になってギリギリ間に合わせたものだった場合、「計画的にやらないとダメだろ！」と言いたくなるかもしれません。

ですが、もしかしたらその生徒は普段まったく宿題をやるような習慣がなく、「せっかく先生が出してくれたものだからガッカリさせたくない」という気持ちで一生懸命取り組んでいたかもしれません。その場合、やったこと自体を褒められれば「ああ、やっぱり頑張ってよかったな」と努力が報われた感覚になって「次もまた頑張ろう」という気持ちになるでしょうし、もし「計画的にやらないとダメだろ！」と叱られたら「えっ、ちゃんとやっているのに怒られた……」と期待を裏切られたような気持ちになるでしょう。そうなると、この後なかなか信頼関係を築いていくのは難しくなってしまいます。

特に、自分自身がきっちりと物事をこなす能力が高い人ほど、いざ教える側になったとき、他人にも「これくらいできて当たり前」という自分の基準を当てはめがちです。そのため、一度そのような前提を取り払って、「何でもいいからできたことを褒める」というぐらい大雑把な気持ちで接するといいでしょう。生徒の性格の見極めがある程度済んで一定の信頼関係が築けるまでは、とにかくどんどん褒めてあげることが先決です。

もちろん生徒によっては「この程度で褒めるなんて、子ども扱いするなよ」という反応を示す人もいるので、やりながら加減を調整する必要はあります。

また、人によって褒められて嬉しいポイントも当然ながら異なります。例えば、先ほどの宿題の件でも「宿題をきちんとできたね、えらい！」と褒めるのが最初の声掛けになりますが、もしこちらではなく生徒側が「宿題をやるのは当たり前」という意識で取り組んでいた場合、やったことそのものを褒められても大して心に響かないでしょう。そのため、何が生徒のプライドをくすぐるのか、最初のうちはいろいろと探る必要があります。次にどう褒めるか、ここからが家庭教師の腕の見せどころです。

例えば、次の一手として「どんなペースでこの宿題を進めたの？」と質問してみましょう。「家庭教師の時間が始まるギリギリで間に合わせた」という生徒もいれば、「何日かに分けて計画的に進めた」という生徒もいるでしょう。そこで、前者であれば「期限がちゃんと守れたね」と褒めることができますし、後者であれば「自分で考えて計画を立てて、しかもきちんと実行できたんだね、すごい」と褒めることができるでしょう。他にも「丁寧な字で書けていていいね」とか「間違えたところは解き直しまでやってて素晴らしい」など、中身まで目を向ければいくらでも褒めるポイントが見つかるはずです。

そこで生徒の反応を見ながら、どこを評価されたら喜ぶのかを確認するようにしましょう。自分にとってのこだわりポイントを褒めてもらえると、普通の褒め言葉より数段嬉しいものだからです。

これは大人でも同じで、例えばみなさんが上司から仕事を評価されたときや、あるいは大学などの先生からレポートの中身を評価されたときに、自分のこだわった部分に触れてもらえると「そうそう、そこを頑張ったんだよ。この人は自分のことをわかっているな」と嬉しい気持ちになりますよね。

もちろん、人それぞれのこだわりポイントはなかなかすぐに見極められるものではありません。そのため、まずは「とにかく褒める」を意識して生徒に接し、反応を見ることが鉄則となるのです。

褒め方の鉄則2　変化や成長を褒める

さて、次の褒め方の鉄則は「変化や成長を褒める」です。

鉄則1の「とにかく褒める」に通ずる部分がありますが、こちらのほうがより重要度は高いと言えます。自分の変化や成長は、自分自身ではなかなか気づきにくいからです。他人から指摘されて初めて自分の成長を実感するというのは、大人でもよくあることですよね。

子どもは何をきっかけに変わるかわかりません。学校で先生や友達から言われたことや、本やマンガを読んで感じたこと、あるいは親子の会話など、ほんのちょっとのことで行動や考え方が変わることがあります。もちろん、家庭教師として接するこちら側の言動でもそうです。なぜか今までより字を丁寧に書くようになったとか、机に向かうときの姿勢が良くなった、きちんと返事をするようになったなど、こちらがびっくりするくらい急に変わることがあります。

この変化や成長を褒めてあげるのに、取り上げるのはほんのささいなことでも構いません。例えば「以前は30分しか集中力が持たなかったのに、40分まで机に向かっていられるようになった」とか「計算の途中式が横に伸びていたのに、縦に書いてノートが見やすくなった」とか、何でも結構です。前向きなことであれば、気づいた瞬間に褒めてあげるようにしましょう。

もちろん、このような変化に気づくためには、普段からよく生徒のことを観察している必要があります。適切なタイミングを逃してしまうと、褒めても逆に「今ごろになって気づいたんですか？」と思われてネガティブな結果になることもあるので注意しましょう。

また、この変化や成長を期待して、こちらが生徒に注意するときには我慢が求められます。

例えば、輸出と書くべきところを「輪」出と間違えるような、いつも同じミスを繰り返す生徒がいたとします。こちらとしてはミスを指摘して一度で修正してほしいところですが、なかなかそうはいきません。その場では「あ、そうか」と直しても、次にまた同じように間違えることがあります。その際、「この前も同じミスをしたよね」と責めてはいけません。「これはよく使う漢字だから、それぞれ区別しておこう。例えば『輸』の字を使う熟語には『輸出』、『輸入』、『輸送』みたいに、運ぶという意味のあるものが多いね。『輪』のほうは『車輪』とか『輪切り』とか、○の形を表すものが多いね」といったように、具体的な対処法や、記憶に残りやすい説明をしてあげるといいでしょう。

それでもすぐには間違いが直らないことがあります。その際は、今まで10回書いて10回間違えていたものが、10回中9回の間違いになり、そのうち7回になり、5回、3回……と、徐々に精度が高まってくるのをじっくり待つ姿勢が大事です。一度言われただけで何でも完璧にできれば理想的ですが、そう上手くはいきませんよね。これはみなさんも同じでしょう。失敗を繰り返すうちに少しずつ学んでいけばいいのです。

そうして変化や成長を待つ一方で、生徒が上手くできたときはしっかり褒めてあげましょう。「今までここは苦手だったけど、ちゃんとできるようになったね」と、大げさなくらいのリアクションでも構いません。自分の変化に対して前向きなフィードバックが得られることで、生徒は「次もまたそうしよう」という気持ちになるはずです。大人でも褒められると嬉しいものですから、子どもならなおさらです。思春期の生徒だと態度に出すのを恥ずかしがって「別に……」という表情をすることもありますが、あまり気にする必要はありません。内心では喜んでいることも少なくありません。

まとめると、なるべく生徒の変化に気づくように敏感に観察し、何かしらの成長を感じたら、必ずその瞬間に声をかけてあげるようにしてください。

褒め方の鉄則3　結果より過程を褒める

褒め方の鉄則の最後は「結果より過程を褒める」です。

鉄則1では「とにかく褒める」ことが大事だとお伝えしましたが、結果だけにフォーカスするのは危険です。確かにテストの点数や順位、あるいは偏差値などのわかりやすい数字は、褒める材料としては一番手っとり早いでしょう。保護者の人も「評定平均が4を超えた」とか「テストで90点も取れた」など、絶対的な数字だけを見て褒めがちです。

しかし、このような数字目標は、どれだけ頑張ったところで、必ず結果として表れるとは限りません。仮に自分が100の努力をしたとしても、周りの全員が200の努力をしていたら、それは相対的に見て「努力が足りない」ということになりますよね。どうしても相手がいることなので、自分が頑張ったからといって必ず結果がついてくる保証はないのです。もちろん受験において数字を無視することはできないのですが、結果だけで評価すると生徒の努力をないがしろにすることになり、モチベーションが下がってしまうので避けなければいけません。

もちろん努力が成果として表れたときには、本人の自信にもつながるので大いに褒めてあげてください。その際、努力の跡が見えるところにフォーカスするとより効果的です。例えば「何度も練習した漢字や英単語がきちんと書けた」、「繰り返し解いた計算問題がミスなくできた」など、中身まできちんと見れば褒めるところがさらに見つかるはずです。

過程を褒めるのは結果がそこまで振るわなかったときでも大事です。例えば前回のテストが60点で、本人なりに努力したにもかかわらず今回も60点だったとしましょう。もし平均点が前回は60点、今回は50点だとしたら、同じ点数でも相対的に伸びたことになるので、褒める要素になりますね。

ただ、それだけではなく、中身についてもしっかり注目してあげると一層よいです。「前回は問題の条件の読み間違いでミスしたところがあったのに、今回はそれがなくなっている」とか「前回は時間配分に失敗して最後まで解ききれなかったけど、今回は事前のシミュレーション通り最後まで問題に目を通すことができたね」などと言われるときっと嬉しいですよね。生徒自身も表面的な結果だけ見て終わりがちなので、こちらが指摘してあげることで本人も気づいていなかった自分の成長を実感できたり、「この先生は自分のことをよく見てくれている」と信頼を得ることにもつながります。

ちなみに、この「過程を褒める」というテクニックは、初対面の生徒に接するときにも応用できます。

私が以前受け持った中3の生徒で、半年後に高校受験を控えながら今まで部活ばかりやってきて、まったく勉強してこなかったという子がいました。最初に学力チェックをするために模試や学校のテストを見せてもらいましたが、全て得点率は3割以下、どの教科も一からやり直さないと到底間に合わないレベルで、本人も保護者も途方に暮れているという状態でした。

ただ、私は答案を見ていて、あることに気がつきました。どのテストでも、解答用紙に空欄が1つもないのです。選択問題はもちろん、記述問題のところでも何かしら書いて、少しでも得点の可能性を高めようという姿勢がはっきりと見て取れました。点数的には全然褒められたものではありませんでしたが、私はここに目をつけました。勉強が苦手な子というのはたいていの場合、自信のなさから「どうせ書いても間違ってるし」と投げやりになって、わからないところは空欄にしがちです。選択問題なら適当に解答しても正解する可能性があるので話は別ですが、記述問題は最初から諦めてしまうケースが非常に多いのです。

ですが、その子はわからないなりにも解答欄を一生懸命埋めていました。部活でバスケを一生懸命やっていたので、その影響で根性や執念が備わっていたのかもしれません。そこで私は「普通はわからないところがあると投げやりになる子が多いのに、どのテストでも空欄がないのは素晴らしい！　この諦めない気持ちがあれば絶対に伸びるよ！」と声をかけました。すると生徒の顔がパッと明るくなり、喜んでくれているのがはっきりとわかりました。

保護者の方からは「この子が勉強で褒めてもらえたのはこれが初めてです……！　ありがとうございます」と言っていただき、一瞬で「これから一緒に頑張っていこう」という空気ができました。そしてその子はここから勉強のスイッチが入り、志望校の合格まで駆け抜けていきました。

普通、過程を褒めるためにはある程度の期間じっくり生徒を見ていないと難しいものですが、このように初対面であっても、テストの答案だったり、あるいは普段使っているノートや問題集の中身などに褒めるヒントは転がっているものです。ぜひ結果だけを見るのではなく、結果を出すために生徒が努力している部分にも目を向け、評価すべき部分を褒めて伸ばしてあげるようにしてください。

第4章

家庭教師のお悩み相談Q&A

第3章までで、家庭教師の技術について一通りの解説は終わりました。

この第4章では、筆者が実際に家庭教師をやっているときに直面したさまざまな悩みとその解決方法を通して、より実践的な家庭教師のあり方をガイドしてまいります。生徒との接し方に悩む家庭教師や学校・塾の先生方が問題を解決するヒントになればと思います。

Q 生徒が全然話をしてくれない。どうすればいい？

家庭教師をやっていると、全然話をしてくれない生徒と出会うこともあります。こちらから話しかけてもなかなか喋ってくれなかったり、教えていて「わかった？」と聞いてもなかなか反応をしてくれなかったり……。

こういう場合はまず、その子がもともとそういう性格なのか、それとも家庭教師である自分に対してだけそういう対応なのかを理解する必要があります。親御さんにやんわりと、「お宅のお子さんって……」と聞いてみるといいでしょう。

そうすると、親御さんもその子の性格を認識していて、「いやあ、うちの子はあがり症なんですよ」「緊張しちゃってるんですよ」と助け舟を出してくれる場合があります。そして、もし緊張してしまっているのであれば、親御さんにも少しの時間一緒にいて話をしてもらうというのも、信頼関係を築いていく手かもしれません。

では、もし「別に普段は緊張する性格ではない」と言われてしまったときにはどうすればいいのでしょう。これはもう、しっかりと人と人として向き合うしかありません。相手が話してくれるまで、心を開いてくれるまで、じっくりと腰を据えるといいと思います。

このときに有効な手段の1つとして紹介したいのは、「待つ」ということです。相手が話してくれるまで待つ。質問を投げかけて回答がなかったとしても、根気強く待つ。待っていると、ポツリポツリと会話をしてくれる場合もあります。逆にここで待つことができずに「黙ってたら何にもわかんないよ」などと言ってしまうと、より心を閉ざしてしまうかもしれません。相手が話をしてくれるまで待つという選択肢も持っておきましょう。

Q 生徒が心を開いてくれない。どうすればいい？

家庭教師として生徒と話をしていると、生徒があまり自分に懐《なつ》いてくれないことがあります。質問に対する回答がぶっきらぼうだったり、自分が話をしていてもなかなか聞いてくれなかったり。そんなときにはどうすればいいのでしょうか。

1つおすすめの対応があります。それは「自分の立場を強調すること」です。

「自分は、君の成績を上げるために、親御さんからお金をもらって仕事をしにきている。君は、家庭教師である自分のことをうまく利用する権利がある」と伝えてあげるのです。

生徒の中には、家庭教師と一緒に勉強することや話をすることを「義務」だと考えている人がいます。親や家庭教師に強制させられて、自分は義務として勉強しなければならないのだ、と。

でもその考え方は間違っていますよね。生徒にあるのは、義務ではなくて権利です。教育を受けて、頭を良くして、自分を成長させるための権利を持っているわけです。それなのに、その権利を行使しないというのは、もったいないのではないかということを、しっかりと伝えてあげましょう。そうすれば、「義務」として勉強しているという感覚が薄れて、うまく自分とコミュニケーションを取ってくれるようになることがあります。

また、生徒は基本的にまだ若くて、自分自身の機嫌を取るのが必ずしも上手くいかない場合もあります。その日、もしかしたら学校で嫌なことがあったのかもしれません。友達と喧嘩《けんか》をしたのかもしれません。そして、それをなかなか話せないのかもしれません。

「なんか機嫌が悪いな」と思っても、全ての原因が家庭教師である自分にあると、必要以上に責任を感じなくてもいいのです。長いつきあいをしていると、そういう割り切りも必要になってくることがあるのではないでしょうか。

もう1つだけ、これはあまりおすすめしないのですが、「自分を大きく見せる」というテクニックもあります。これは「自分がいかに優秀な人間であるか」を明確にするというものです。「自分はこういう経歴を持っている人間なので、君にとって利用価値があると思う」と語るのです。

そこまでの実績がない人や自信がない人でも、例えば分野を限定して、「この数学の分野を教えることについては、自分は経験が豊富だ」「前に自分が教えていた生徒は、ここについては満点を取れた」などと語るのもいいでしょう。子どもというのはわりと現金なときもあって、「相手がすごい人だ」とわかると、「話を聞かなきゃ」と思うようになります。逆に「この人は全然ダメな人だ」と思っている間は話を聞いてくれません。

生徒に軽く見られているから心を開いてもらえないのかもしれない、と思ったら、こういう方法もあると思ってください。ただ、やり過ぎるとあまりいい印象を持たれないこともあるので、しっかりと相手やタイミングを見極めてくださいね。

Q 生徒の成績を上げるために意識するべきことは?

成績を上げるために重要なのは、相手にしっかりと考えてもらうことです。

よく、「教えるのが上手なのに、なかなか成績を上げることができない家庭教師」を見かけます。教える技術（ティーチング）は抜群なのに、なぜか成績が上がらない——これは実は、「教えすぎ」という問題が発生している場合があります。教えている時間が長すぎて、生徒がしっかり考える余裕を奪ってしまっているのです。

もしみなさんが生徒の成績を上げたいと考えるのであれば、「生徒と家庭教師である自分が、どれくらいの割合で喋っているのか」を意識してみてください。

例えばみなさんは、恋人でも家族でも友人でもいいのですが、誰かと二人で話をするとき、どれくらいの割合で自分が話をして、どれくらいの割合で相手の話を聞いていますか？

面白い実験結果があって、多くの人は、自分で体感しているよりも長い時間喋ってしまっていることが多いといいます。

その実験はどういうものかというと、1時間、男性と女性の二人で話をしてもらい、その後で「二人が喋った時間割合はどれくらいだったと思いますか？」と聞く、というものです。男性は「男性5：女性5、半々くらいだったと思う」と答えました。しかし、そう語った男性のデータを実際に調べてみたら、なんと喋っていた時間は「男性7：女性3」だったのです。

ちなみに女性のほうは「女性1：男性9くらいだと思っていた」とのことでした。どちらの人も、自分が思っているよりも多くの時間、喋ってしまっていたわけです。

人と人の会話時間は、このように思ったより喋りすぎてしまうケースがかなり多く、だいたい8割の人は「自分よりも相手のほうがよく喋っている」と思う傾向にあるといいます。

試しに、自分が友達と会話しているところを録音して確認してみてください。きっと、自分が認識しているより自分がたくさん喋っていた、という人が多いはずです。

家庭教師の話に戻りますが、このように教える側が多く喋ってしまうと、生徒の考える時間が少なくなり、生徒は考える余地までなくなってしまうのです。

なので、家庭教師をするときはぜひ喋る時間を意識してみてください。一度、誰かと会話する中で自分の喋る時間を測っておいて、どれくらい自分の認識と乖離《かいり》があるのかをしっかりと認識し、「喋りすぎ」に気をつけましょう。

推奨は、「先生3：生徒7」くらいの目標でコミュニケーションすることです。これくらいの意識で喋ってやっと「先生5：生徒5」になります。ぜひ試してみてください。

Q 生徒を叱るとき、どうすればいい？

家庭教師をやっていると、定期的に「生徒に対して叱らなければならないタイミング」があります。

例えば生徒が全然宿題をやってきていないとき。みなさんはどんな風にコミュニケーションを取りますか？

「なんで宿題をやっていないんだ、勉強しなさい！」と頭ごなしに叱ってしまう人も多いと思いますが、それだとたいていの場合、生徒は「なんだよ！」と反抗してますます勉強しなくなってしまうか、あるいはただ落ち込んだりしてしまいます。つまり、「勉強をしっかりやってもらう」という観点からすると、怒った意味がなくなってしまうのです。

こういうときにはまず、「どうして宿題やってないの？」と問いかけるのがおすすめです。勉強することを押しつけるのではなく、ただ「勉強をしない理由」「やってこなかった理由」を質問するのです。

質問をすることは、自分で考える時間を与えることになります。「自分はどうして勉強するのが嫌だったのか？」「どうすれば勉強することができるのか？」——生徒がこう考えるきっかけを作ってあげるのです。

勉強や宿題をしたくないことに、たいていの場合は理由なんてありません。ただなんとなく「勉強したくないな」と思って遊んでいるだけの場合が多いです。しかし「なんで勉強しないの？」と質問されて勉強について考えていると、「あれ、聞かれて初めて気づいたけど、確かに勉強したほうがよかったかも」「そういえば、あの勉強やろうと思ってたのに、できなかったな」と、自然とやる気が起きるかもしれません。

もし生徒が「こういう理由で勉強しないんだ」と反論したとしても、その理由が急ごしらえのものであれば、もっと深掘りして質問していくことでその理由を崩し、「まあ、たしかに先生のいうことも一理あるな……」と思ってもらえるようになります。


そうやって質問を重ね、勉強しない理由をなくしていったところで、今度は「システム」を作ることを提案しましょう。

「じゃあ、3日後にとりあえずどこまでできているか連絡を入れるようにしてもらえる？」とか「とりあえず3ページ終わったらＬＩＮＥしてもらうようにしようか」と、勉強に関する何らかのルールを追加するのです。

少々話が変わりますが、この本を読んでくださっている方の中で、毎朝目覚まし時計を使って起きている人はどれくらいいるでしょうか？

あるいは、スマホのアラームをセットして朝起きる時間を決めている人は？

おそらく多くの人が該当するはずです。

たいていの人は、朝、気合いで起きようとはせず、機械の力を借りて起きているでしょう。

というか逆に、気合いだけで起きるのは難しいですよね。

「明日の会議はとっても重要で、絶対に遅れたくない。だから気合いで7時に起きるぞ」と言っている後輩がいたら「お前何やってるんだ」とツッコミますよね。そして後輩が遅刻してきて、「すみません、気合いが足りませんでした」と謝ってきたらどうでしょうか？

勉強もこれと同じです。勉強をサボったことに怒りをぶつけ、精神論で解決しようとしても、何の意味もないのです。気合いで何とかなるのであれば気合いで解決すればばいいわけですが、たいていの物事は気合いでは解決しないのです。というか、気合いで解決する問題だったら既にどうにかなっているはずです。

なので、あなたが怒らないといけないような問題については、システムで解決できる方法を模索したほうがいいのです。

システムを作るとき、「なぜ勉強しなかったのか」についての理由を反映させるのがコツです。「なるほど、1週間後だと忘れちゃうかもしれないんだね。じゃあ、3日後にとりあえずどこまでできているか連絡を入れるようにしようか」というような具合ですね。

Q 生徒の成績がなかなか伸びない。どうすればいい？

家庭教師をやっていると、生徒の成績がなかなか伸びない、という悩みを持つときがあります。一生懸命自分も頑張っているし、生徒も頑張っている。なのにどうして、なかなか伸びないんだろう、と。

その1つの原因として考えられのが、「諦めが早い」ということです。

まず、問題を解いているときにどんな反応をしているのか、生徒の反応を見てみましょう。それも、難しい問題を解いているときの反応を見ていると、その生徒の伸び悩んでいる原因がわかることがあります。

もちろん、「その問題を解けているのかどうか」を確認しているわけではありません。別にたった1問の問題が解けたのかどうかで、成績が伸びるかどうかがわかるわけはありません。でも、問題を解くときに「あること」をしている人は、成績が上がりやすいのです。

それは、「手を動かしているか」です。

どんなに考えてもわからない問題を見たときでも、難しくて解けそうにない問題に出会ったときでも、成績が伸びるタイプや頭が良くなるタイプは、何かを書いている場合が多いのです。逆に、成績が伸び悩んでいるタイプは、何も持たずにじっと問題を見ているだけという可能性があります。

例えば数学の問題を解いてもらうとしましょう。

「この問題は難しいけど、とりあえず2分間考えてみよう」と問題を出し、時間を測った場合の反応は、生徒によって大きく異なります。

数学の成績が良いタイプや、これから伸びていく生徒は、必ず手を動かします。文章に線を引いたり、実際に数を当てはめてみたり、情報を整理したり、計算を始めてみたりと、何か文字を書いている場合が多いです。今は数学の成績が悪くても、わずかな知識の中でも何か懸命に文字を書いている生徒というのは、これから成績が伸びやすいのです。

それに対して、数学が苦手なタイプや、これから先伸び悩んでしまう生徒は、頭の中で考えようとします。手を動かさず、とにかく頭の中だけで組み立てて、「うーん」と考え込んでしまう場合が非常に多いのです。今の成績が良い生徒であっても、ただ頭の中だけで考える生徒は、その先で伸び悩んでしまう心配があります。

もちろん、難しい問題であれば2分間では答えまでたどりつくことはできないことがほとんどです。また、難しい問題であれば考え込んでしまうのもわかります。でも、やっぱり東大に合格できる人は、どんなに難しい問題が出されても、頭の中だけで考えたりはしないんですよね。メモ用紙にちょっとしたことを書いてみたり、線を引いたり計算したりと手を動かしている場合がほとんどなのです。

仮に「$x+y+z^2=8$をみたす0以上の整数x、y、zの組は全部で何通りあるか」という問題があったとします。

この問題、ただ問題文を眺めていても解けることはないでしょう。でも、「xにとりあえず1を入れるとどうなるだろう?」「zにはどんな数が入るんだろう、0は入るかな?」と、いろいろな数字を使って、与えられた情報をいじっているうちに、答えが出る問題なのです。手を動かして具体的に計算していくと、いろんな気づきがあります。「zは二乗なので、zが3のときは9になるから、答えにはならないだろうな」「ってことは、zには3以上の数は入らないな」とか、そういうことがわかっていくのです。

そうすると、「じゃあzは0か1か2以外ないわけだから、順番に$z=0$、$z=1$、$z=2$、と場合分けしていくほうがいいな」と方針が定まります。実際に場合分けすると、$z=0$のときは9通り、$z=1$のときは8通り、$z=2$のときは5通りです。これらを足すと、「22通り」が答えになります。

この問題は、最初から「zには3種類の数しか入らないな」ということがわかるわけではありません。でも、手を動かしている中で、「この解き方も使えるんじゃないか」と手がかりが見えるようになるのです。

逆にこれらの問題で、まったく手を動かさずにただ「どうやって解くのかな」と考えていても、うまくはいきません。どんな答えが出るのか、解き方はどうなのかなどがわからない状態でも、とりあえず数字を入れたり書いてみたりすることで、問題が解けるわけです。

どんなに勉強しても成績が上がりにくい生徒は、「わからない問題を見たときに硬直してしまう生徒」です。わからなくても、「わかる範囲」のことを懸命に書いている生徒は、もしそのときの成績が悪かったとしても、後で必ず成績が上がっていきます。

今は数学の問題で説明しましたが、「手を動かすと伸びる」というのは、数学に限らず勉強全般に言えることだと思います。

文章を読んでいるときでも、人の話を聞いてちょっと整理したいときでも、メモを取って何かを書きながら聞いているのとそうでないのとでは、頭への入り方が全然違うのです。

他方、頭の中だけでただ、「どういうことだろう？」と考え込んでしまうと、頭がごちゃごちゃしたり、身体的に動きがなくて身体全体が強張ってしまい、頭の中が凝り固まってしまいがちです。

手を動かすと、自分がそれまで何を考えていたのかという思考過程を視覚的に捉えることができるようになって、「あれ？　何を考えていたんだっけ？」などと混乱することなく、思考が整理されるようになります。また「手を動かす」という身体的な行為をすることで、身体の強張りを解きほぐすことにもなります。

だからこそ、伸びる生徒はみんな、何かを考えるときは手を動かします。人の話を聞くときにメモを取り、授業中にも自分の思考を整理するためにノートを取り、問題を解くときにもただ考えるのではなく手を動かすのです。なので、きちんと生徒に「手を動かすこと」を推奨していきましょう。「わからなくてもとにかく手を動かす」という指導をしていきましょう。これを続けていれば、粘り強く物事を考える習慣が身につきます。

そしてこの習慣があると、成績は伸びていきます。

例えば、東大の入試問題ってやはり、とても難しいです。問題文を理解するのも、情報を整理するのも、非常に高度に「頭を動かす」ことが求められます。ですから、99%以上の東大生も、問題をパッと見ただけでは解答や解法が思い浮かびません。

しかしそれでも懸命に、「わからない問題の中のわかる部分」を、手を動かして思考を整理しつつ、実験していくことで、新しいことが見えてくるように問題は作られているのです。

逆に言うと、「難しいから」といって簡単に「自分はこの問題、解けないだろうな」と諦めてしまう人には解けないように作られているんです。諦めるのが早い生徒は成績が上がりにくく、とにかく粘り強く物事を考えられるように指導したほうがいいのです。

「わからないからといって諦めないこと」

勉強するうえで、この精神を持っているかどうかは、そのあとの勉強を左右します。逆に、「わからなかったらすぐ諦めてしまう人」というのは、どんなに勉強しても成績が上がりにくく、頭が良くなりにくいと思います。

この、「諦めないことの大切さ」は、絶対に生徒に教えていくべきことの1つです。きっと成績が大きく上がる要因になると思います。

Q どの教科から勉強を始めるべきか？

学校で勉強するのは、主に国語、数学、英語、理科、社会の5教科です。「これから成績をあげたい」と考えている生徒に対して、どの教科を最初に重点的に努力してもらうと成績が伸びやすいでしょうか？

答えは「理科と社会」です。国語や英語よりも、理科と社会の勉強を頑張っている生徒のほうが成績が上がりやすく、頭も良くなりやすいのです。

一体なぜなのか、理由がわかりますか？

その理由は、理科と社会は「勉強すればするほど成績が上がっていく感覚」が得やすい科目だからです。

英語や数学は、努力がテストの点数として結果に出るまでとても時間がかかります。英語は英単語を覚えたとしても、それだけで点数が安定的に上がるとは限りません。数学も、公式を覚えればそれだけで単純に点数が上がるわけではありません。それに対して、理科や社会は「ただ覚えれば点数になる」という問題も多く、努力がすぐに見える形で生徒の目の前に現れます。すなわち生徒のやる気が持続します。

当たり前ですが、「頑張ってもなかなか結果が出ない」というのは苦しいものです。特に勉強を始めたての段階では、頑張ったのに結果が出ないと、すごく苦しくなって勉強自体を投げ出してしまうことにもなりかねません。そうすると、せっかくやる気になった生徒の気持ちを無下にしてしまいます。

だからこそ、まず最初に頑張るべき教科は、勉強すれば勉強するほど結果につながっている感覚がある、理科や社会なのです。努力の手応えがないものから頑張り始めても、なかなか続けられません。そうではなく、すぐに結果につながっていくものから努力を積み重ねていくほうが生徒のモチベーションにつながり、勉強の継続性が担保できるのです。

勉強の手応えを感じてもらうために、家庭教師ができる工夫もあります。

それは、「これを覚えればすぐ点数につながる」という知識をリストにまとめてあげることです。知識リストを覚えてもらったら、ちょっとしたテストを出題しましょう。そこで点数が取れれば、「頑張ったら結果が出る」というプラスの感覚を持ってもらいやすいですよね。

とにかく理科と社会を頑張って点数を取ってもらう。まずはここを勉強の第一ステップとするといいでしょう。そうすると1科目でも自信がついて、勉強のやる気につながり、「他の科目も頑張ろう」といういい波及効果があります。

Q 生徒が悩んでいるときはどうアドバイスする？

生徒が問題を解けずに悩んでいる——家庭教師にとってはよくあるシチュエーションですが、このとき生徒に対するアドバイスには大きく分けて2つの方向性があります。これは多くの家庭教師の現場や塾で議論になる難しい二択です。ベテランの先生同士でも答えは異なりますし、教育学部の先生の間でも意見が分かれます。

この2つ、みなさんはどちらが正しいと思いますか？

A　悩んでも仕方ないので答えを教える
B　本人がギブアップするまで考えてもらう

要するに、答えを教えるか、悩んでもらうかの二択ですね。

なぜ議論が分かれるのかというと、どちらにもメリットがあり、どちらにもデメリットがあるからです。

まず「答えを教える」指導は、生徒がどんどん次の問題を解いていくように促せます。悩んでいても答えが出ない問題も多いですし、何度も同じような問題を解くことで「慣れる」ということもあります。ですから、多くのことを効率よく学んでもらうときにはAの指導方法が正しいです。

しかし、一見すると効率的な「答えを教える」指導にもデメリットがあります。それは、「悩む」という時間をカットしてしまっているところです。

実は、最近の中学入試・高校入試・大学入試では、答えを知っているだけでは解けない、「悩む」指導を経験している生徒でないと解けない問題が多く出題されるようになっています。

「教科書や参考書の知識をベースにしているけれど、おそらくどの参考書にも載っていないような問題」が出題される傾向が強いのです。昔の入試対策は、「もぐら叩き」に例えられていました。同じような問題が何度も出てくるので、参考書や過去問を何度も何度も反復練習することによって、対策が可能になる。まるで決まった巣穴から「もぐら」が出てくるのを叩くかのように、たくさん対策したらその分だけ成績が上がる、と。しかし今は違います。今まで全く出て来なかった巣穴から「もぐら」が出るようになっているのです。

例えば大学入試にかつて存在したセンター試験は現在、共通テストに変わっていますが、共通テストではかなりの割合で「多くの受験生にとって初見の問題」が出題されています。社会では今まで出題されたことがなかったグラフや統計データが使われることが多くなり、理科でも過去に出題された問題の焼き直しではなく、その場で改めて考えなければならない問題が多く出題されています。これらの問題は、知識だけあっても解くことができません。いくら効率よく頭の中に知識を入れ込んでいたとしても、きちんと頭を使わなければ解けない問題が増えているのです。今までの「もぐら叩き」的な対策はもはや古いのです。

そのため、「答えを教える指導か、悩ませる指導か」という二択の答えとしては、現在はBの「悩ませる指導」のほうが正しくなってきています。昔の「もぐら叩き」的な対策が通用した時代ならAの「答えを教える指導」で成績が上がっていたのですが、最近は生徒に「この問題をなんとか解いてみよう」と粘り強く考え抜く時間を作ってあげる、いわば「悩む練習」をする指導のほうが効果的なのです。実際、私たちも最近の入試で出題されている「思考力を問う問題」や、自分たちで作ったその類題を生徒に解いてもらっています。

教えていて驚くのは、今の生徒はどんどん「粘り強く考える」力が落ちている、ということです。

例えば、問題を出して「1分間周りの人と考えてみよう」と言うと、30秒くらいは周りの生徒と「ああでもない」「こうでもない」と相談するのですが、多くの生徒が30秒くらいで黙ってしまいます。そして、「先生、早く答え教えてよ」と言ってくるのです。

「いや、もっと考えてみようよ」とこちらも促すのですが、生徒は「これ以上考えたって答え出ないよ」「早く答えが知りたいよ」と言ってきます。多くの生徒が、考えることよりも「答えを知ってそれを覚える」ということに慣れてしまっているのです。最近は、スマホでもＡＩでも、なんでも答えをすぐに教えてくれるようになりました。わからないことがあったらすぐにChatGPTに聞けば答えを教えてくれるようになっています。そんな状況に慣れているからか、すぐに「答え」を求めます。一昔前であれば「ヒントください」と言ってくる生徒が多かったし、答えを言おうとすると「先生待って、もう少し考えさせて」などと言われた記憶があるのですが、今はそうではなく、「早く答え教えてよ」というスタンスになってしまっているのです。

何度も言いますが、悩む時間は、無駄になるものではありません。短期的には答えを知って類似の問題にすぐに答えられるようになるほうが成績が上がるでしょうが、それだけでは頭は良くなりません。長期的に考えると、すぐに答えを求めるのではなく、少し自分で考えて答えを出そうとすることには意味があるのです。でも、それが今の子どもたちには難しくなってしまっているというのは、とても由々しき事態だと思います。

とはいえ、「じっくり悩む」と言っても、どこかで区切りをつけてあげたほうがいいとは思います。「10分は考えてみよう」とか「5分以上考えて答えが出なかったら答えを言うね」とか、そういう指導の仕方を実践してみましょう。

まとめると、家庭教師や子どもに接する方は、ぜひ子どもに対して「あえて悩ませる」という指導をしてみてもらいたいと思います。

すぐに答えを出すのではなく、考えるためのヒントを教えてあげて、十分に悩めていない状態であればもっと悩むことを推奨する。そうして子どもの脳に良い負荷をかけてあげることで、子どもは自分の頭を良くすることができるのです。

Q 過去問はどこまで解けばいい？

受験が近づいてくると志望校の過去問を解きますよね。そのときに悩ましいのが、「第何志望の学校まで、しっかり過去問を解くべきなのか」です。これに関して、大きく分けると2つの立場があります。

A 第一志望一直線で勉強し、第一志望のための勉強を最優先する

B 第一志望校の対策だけだと怖いので、第二志望やそれ以外の志望校も過去問を解いて準備する

この質問、ベテランの先生たちにとってもなかなか難しい問いです。受験が迫る夏以降の学習指導に関して考える中で毎回問題になるのが、この二択です。要するに、「第一志望に専念させるか、第二志望の対策もしてもらうのか」ということですね。

結論から言うと、Bの「第一志望以外の準備もしっかりする」という選択を取った人の方が、結果的に第一志望の大学にも合格しやすくなります。

誤解しないでいただきたいのですが、別に「第一志望の合格を諦めて、第二志望に全力投球をしたほうが第二志望に合格しやすい」という話ではありません。むしろ逆です。第二志望の対策をしっかりする受験生のほうが、第一志望に合格しやすいのです。

これは不思議に感じる人も多いと思います。第一志望の対策に全力を注いでいる人のほうが、第一志望の大学に合格しやすそうですよね。しかし、その思考では大きな問題が発生してしまう場合があるのです。

その原因は生徒のメンタル面にあります。ここまで「家庭教師は生徒のメンタル面をケアする」と述べてきましたが、まさに家庭教師的視点から、受験生の心理的安全性を考慮すると「第二志望校の準備もしておいたほうがいい」と言えるのです。

まず、第一志望一直線で勉強している人は、実はかなりの割合でメンタル面が不調になってしまいます。過去問対策をしている中で「うわ、この問題解けない」「どうしてもこの科目の成績が上がらない」と困難に直面したときにメンタルが苦しくなってしまい、最悪勉強が手につかなくなってしまうのです。いわゆるスランプというやつですね。特に受験が近づいてくればくるほど、メンタル面が不調になってしまうケースは多くなっていきます。しかも、第一志望のレベルが高いと、当然ながら問題のレベルもとても高いです。受験生みんなが解けないレベルの難問が出題されることだってあります。そういう難問は、実は解けなくても合否に決定的な影響はないのですが、難しい問題と向き合っていると、「やっぱりこの問題が解けないとこの大学には行けないのではないか」と不安になってしまうのです。

そして、そんな風にメンタルが不調になってしまったとき、第一志望のことしか考えていないと、メンタルがぽっきり折れてしまいがちです。不合格になったことを想像して、ペンが握れないほど追い込まれてしまう人もいます。

そんなときにメンタルを回復させる助けになるのが、「もしこっちがダメだったら、あっちにしよう」という安全策です。失敗が許されない環境にいるとメンタルも不調になってしまいがちですが、「失敗しても大丈夫だ」と考えることができれば、思い切って挑戦することができます。

つまり、第一志望の対策しかしていないと、怖くなってしまうのは当たり前なのです。だからこそ、第二志望の過去問もしっかりと解いておき、「これだったら大丈夫そうだ」と思える状態まで持っていくことが重要なのです。

最近家庭教師をやっていて、メンタル面が課題になる生徒が増えてきたように感じます。本番に強いタイプだと思っていたのに、直前期になったら今までの姿が嘘のようにメンタルが崩れてしまうような人も増えています。メンタル面の問題はやはり軽視できないのです。「第二志望には合格できそう」という安心感は、得ておいて損はないものです。今の時代を生きている生徒に対しては特に、そういう感覚で接するべきなのではないでしょうか。

でも、「第一志望校の問題と第二志望校の問題、全然違うんだよな。だから、第二志望の対策をすると、第一志望に全力を注いでいる受験生と差がついてしまいそう」と思う人もいるかもしれません。

しかし、そうとは限りません。昨今、大学入試の問題はどんどん変化しており、去年まで出題されていなかった問題形式が課されることもザラです。英作文を出題しない大学だったのに、いきなり英作文を出題してきた、みたいなことも全然あるのです。つまり、第二志望の過去問を解いておくことが、第一志望の大学の問題形式の傾向変化対策になっていることもあるのです。それに、普段と違う問題形式を解く中で視野が広がることもあります。第二志望の対策が第一志望の対策に全くつながらないなんてことはありえないのです。

「自分は第一志望の大学に合格できなかったら浪人するからいいんだ、第二志望の大学には合格しても行かないもんね」という受験生もいるかもしれませんが、それでも第二志望の大学の対策をしておくことはとても重要です。もし浪人することになったとしても、「どこも受からなかった」という状態で浪人するのか、「第二志望の大学には合格していた」という状態で浪人するのかによって、浪人成功率は大きく変わるからです。浪人してうまくいく人は、どこかの大学には合格した状態で「去年はここまで行けたのだから、今年はきっと第一志望の大学に行けるはずだし、もしまかり間違っても第二志望の大学は大丈夫」という安心感がある状態で浪人している人が多いです。

ということで、第二志望の対策もしっかりしたほうがいい、という理由に対して、納得してもらえたのではないかと思います。でもここで、1つ注意しなければならないことがあります。それは、「第一志望から逃げないこと」です。第二志望の対策は、先ほども言った通り、あくまでも「第一志望の合格のため」です。

「第一志望には合格できそうにないから」と言って第二志望の対策だけに取り組む受験生は、結局うまくいきません。第二志望にすら受かることができない場合が多いです。なぜなら、それは明確に「逃げ」だからです。第一志望を諦めたことで心に油断が生まれ、「第二志望に変えたんだから大丈夫だろう」と甘く考えてしまう人が多いです。正直、今まで見てきたケースだと、9月以降に志望校を変える受験生は不合格になる場合が多いです。仮に第二志望がA判定であってもです。あくまでも「第一志望からは逃げないこと」。これは非常に重要なことなので、その点を意識した形での指導を徹底していただければと思います。

「努力すれば報われる」って、よく言いますよね。でもこの言葉って、かなり賛否両論のある言葉でもあります。家庭教師の方は、この言葉の虚しさも、よく理解している人が多いと思います。頑張って報われる人は一握りで、受験でも、めちゃくちゃ頑張っているのに不合格になってしまう人だっているわけですから。

「頑張って何かを達成しようとすること自体に大きな意味があって、短期的に成功しなくても長期的な視野で見れば努力は報われる」と考える人もいるでしょうが、「そんなことはない。がむしゃらに努力したって結果につながらない」とも言えるでしょう。「やらない後悔をするよりやって後悔したほうがいい」なんて言いますが、「やってしまった後悔」だってあるわけです。頑張っても報われないなら、やらないほうがいいんじゃないかと思ってしまうこともあるはずです。

「報われるかどうか」を基準にものごとを判断すると、後悔が生まれます。

なので、「やって後悔しないこと」かどうかを基準として、受験という人生の一大事を決めるのがいいと思います。

家庭教師は、生徒が「後悔しないような道」を作っていくほか、ありません。生徒のために一番何がいいのか、答えは出ないかもしれないけれど、それでも向き合い続けること。その姿勢こそが重要なのだと思います。そして、だからこそ第一志望を簡単に諦めさせるのも間違っているし、第二志望の対策を一切しなくていいというのも間違っています。悩み続けながら、生徒と向き合っていただければと思います。

おわりに

ここまで読んでいただき、ありがとうございました。

最後に、家庭教師という仕事の意義について、我々の考えをみなさんにお伝えしておこうと思います。

家庭教師というのは、とてもやりがいがあって大事な仕事だと思います。子どもにとって、親の次に信頼できる存在になりえます。

子どもは、いろんなものをため込んでいる場合があります。親にも先生にも言えないことをため込むことも、子どもの口からは言語化できないようなストレスをため込んでしまうようなこともあります。親御さんの機嫌が悪くて子どもの精神が不安定になってしまうこともありますし、コロナで外に出られなかったストレスが子どもにたまってしまったケースだってあります。環境の変化には大人より子どものほうが敏感で、ときに繊細でもあるのです。

そしてそんな「言葉にできないモヤモヤ」を親や先生に言いづらいときにこそ、家庭教師の存在意義があると思います。子どもと接している中で感じたモヤモヤを、親御さんに「こういうことがストレスになっているみたいですよ」「これが結構ショックだったみたいですよ」とやんわりと伝えて親子関係を取り持ってみたり、子どもの悩みに大人としてアドバイスをしてあげたり。

別に解決の方法がなくてもいいのです。ただ聞いてあげる存在がいるだけで、子どもは救われることがあります。きちんと向き合ってさえいれば、家庭教師はしっかりと生徒にとって信頼できる存在になっていくのではないかと思います。

でも難しいのは、大人と子どもが接するときには、子どもだけでなく大人の精神状態も大事になってくるということです。

大人と子どもが接するのは、鏡のようなものだと思います。家庭教師をやっていると、生徒が普段より苛立っているなと思ったけど、改めて考え直してみたら実は自分がイライラしている日だった、ということもあります。自分が生徒から信頼されていないように感じたら、もしかしたら自分が生徒を信じられていないのが原因かもしれません。

子どもが話を聞いてくれない原因は、家庭教師側にあるかもしれないのです。だから不機嫌な状態で生徒と接してはいけないわけですね。


家庭教師の精神状態や価値観は、本当に子どもに大きな影響を与えるものだと思います。

家庭教師というのは、教えている子どもにとって、親御さんの次によく接する大人になります。学校の先生は1対1ではあまり勉強を教えませんから、1対1で接する相手となると、家族以外では家庭教師が一番になるケースが多いです。

そうなると、家庭教師側の価値観を子どもは受容することになります。多かれ少なかれ、家庭教師の言葉を自分のものにして、子どもは行動するようになるのです。ですから、家庭教師が子どもとどのように接するのかというのは、子どもの成長にとって本当に大きな影響を与えるのです。勉強の成績向上や合格不合格といったことを超えて、家庭教師は生徒の成長に寄与する存在だと言えるのです。

そしてもっと言えば、家庭教師側も、子どもから良い影響を与えてもらえる存在だと思います。

子どもはどんどん成長します。大人とは違う時間軸に生きていて、1週間や1か月・1年の密度がとても濃いです。そりゃ、我々大人にとっては1年は20年や50年の人生の中の1年ですが、子どもにとってはたった10年程度の人生の中の1年です。我々よりも2倍や5倍、濃い時間を過ごしているわけです。そんな子どもは、たった1週間で人が変わることもあれば、1か月程度の中で大きく成長することもあります。勉強面でもそうですし、精神的な面でも成長していきます。どんどん変化していく子どもという存在に、大人が対応できないことすらあります。

成長していく子どもを見て、頑張っている生徒を見て、家庭教師の側が勇気をもらったりすることだってあるのではないでしょうか。

家庭教師というのは、とてもやりがいがある大事な仕事です。子どもが成長するだけでなく、大人も成長させてもらえるのですから。

だからこそぜひ、家庭教師をする人にはしっかりと生徒と向き合ってみてほしいと思います。向き合っていれば、いつかは必ず信頼関係ができて、子どもが大人になったときに一緒に食事に行けるような関係になれるんじゃないかと思います。

ぜひ、頑張ってください！

家庭教師《かていきょうし》の技術《ぎじゅつ》

二〇二四年一〇月二一日　第一刷発行

著者　青戸一之《あおとかずゆき》・西岡壱誠《にしおかいっせい》

発行者　太田克史《おおたかつし》
編集担当　片倉直弥《かたくらなおや》

発行所　株式会社星海社
〒一一二-〇〇一三
東京都文京区音羽一-一七-一四　音羽YKビル四階
電話　〇三-六九〇二-一七三〇
FAX　〇三-六九〇二-一七三一
https://www.seikaisha.co.jp

発売元　株式会社講談社
〒一一二-八〇〇一
東京都文京区音羽二-一二-二一
(販売)〇三-五三九五-五八一七
(業務)〇三-五三九五-三六一五

印刷所　TOPPAN株式会社
製本所　株式会社国宝社

アートディレクター　吉岡秀典《よしおかひでのり》(セプテンバーカウボーイ)
デザイナー　鯉沼恵一《こいぬまけいいち》(ピュープ)
フォントディレクター　紺野慎一《こんのしんいち》
校閲　鷗来堂《おうらいどう》

ISBN978-4-06-537378-1
Printed in Japan

313
SEIKAISHA SHINSHO

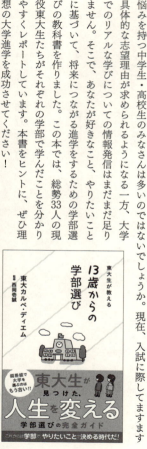

270

東大の良問10に学ぶ世界史の思考法

相生昌悟

監修 西岡壱誠

東大式「世界史の思考法」を総ざらい&東大世界史問題でより深める！

東大世界史は「世界史の思考法」を学ぶのに最適の教材です。東大はこれまで入試問題を通じて、枝葉末節の暗記にとらわれない世界史の大きな流れを理解する重要性を世に問うてきました。本書では、そんな東大世界史を徹底的に研究した東大生が選りすぐった10問をもとに、古代から現代までの世界史の流れを見ていきます。各章前半の講義編では、予備知識のない方でも東大の議論がわかるように前提となる世界史知識をまとめ、各章後半の演習編では、東大世界史名物「大論述」を実際に解いて、東大が問いかける問題意識や世界史の重要ポイントを詳細に解説しました。この1冊で東大レベルの世界史の思考法をマスターしましょう！

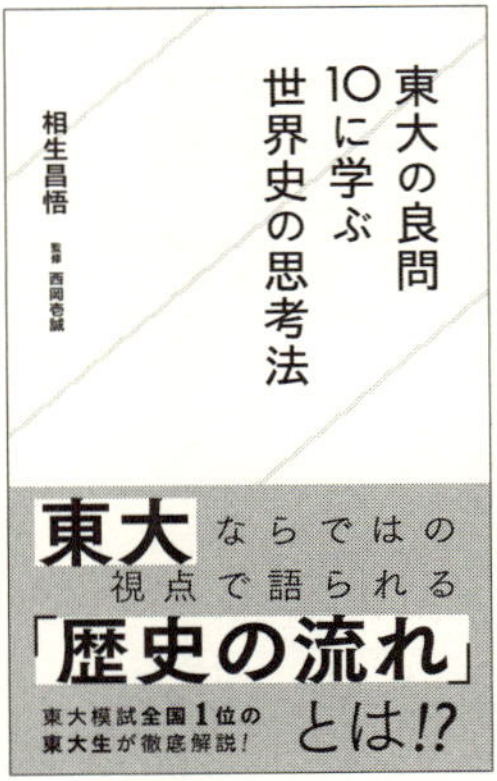

289

東大就活

東大カルペ・ディエム

東大生は就活で勝つために何をしているのか

東大生は大学ブランドがあるから就活で勝てる——こう考えているうちは、あなたの就活はきっとうまくいきません。東大生が就活で成功する最大の理由は大学のネームバリューではなく、「大学受験で培った本質的な思考法で就活を攻略しているから」です。つまり、東大生と同じ就活の思考法を身につけることができれば、あなたも東大レベルの就活ができるようになるのです。本書では、東大生が就活の際に行っていることを、「準備スキル」と「逆算思考」という視点で解説し、自己分析や企業研究、エントリーシートや面接の対策方法まで網羅的に解説しました。就活における東大思考を武器に、志望企業の内定を勝ち取ってください！

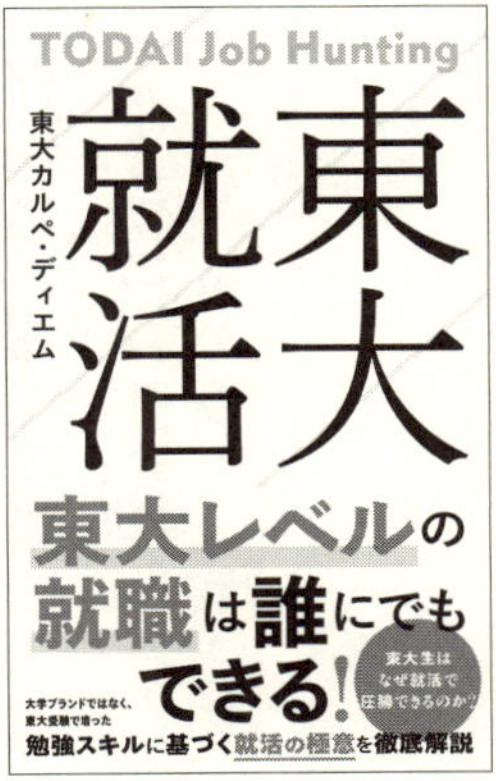

300

一流企業の入社試験

東大カルペ・ディエム

思考力を問う一流企業の入社試験を厳選収録&解説！

一流企業の入社試験では「ボールペンの市場規模は？」「駅の空きスペースを活用するには？」といった地頭を試す問題が数多く出題されます。そんな入社試験問題から世界的コンサルや巨大ITなどが出題した良問を厳選し、実際に内定を獲得した東大生の解説とともに収録しました。一流企業が求める思考力を養って志望企業に内定するための問題集として、またフェルミ推定やケース問題の力を鍛える頭の体操として、楽しみながら解いてみてください。巻末には人事コンサル・曽和利光氏への入社試験インタビューを収録し、企業が入社試験を課す意図などを語っていただきましたので、就活戦略を立てる上で合わせてお役立てください。

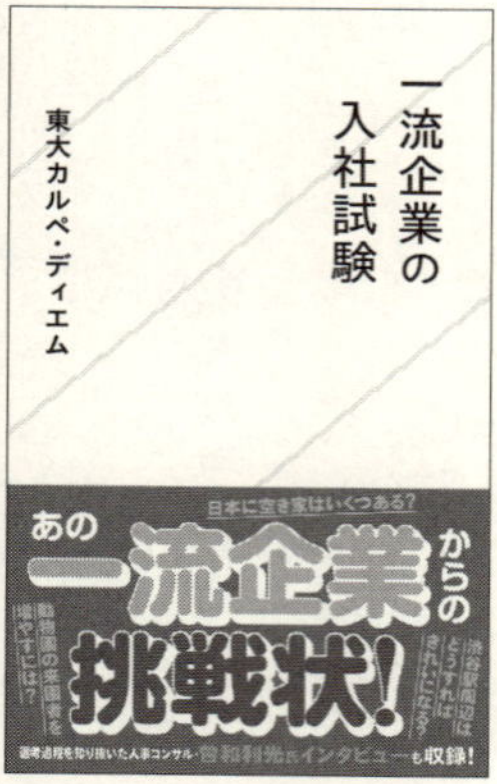

次世代による次世代のための

武器としての教養
星海社新書

星海社新書は、困難な時代にあっても前向きに自分の人生を切り開いていこうとする次世代の人間に向けて、ここに創刊いたします。本の力を思いきり信じて、みなさんと一緒に新しい時代の新しい価値観を創っていきたい。若い力で、世界を変えていきたいのです。

本には、その力があります。読者であるあなたが、そこから何かを読み取り、それを自らの血肉にすることができれば、一冊の本の存在によって、あなたの人生は一瞬にして変わってしまうでしょう。思考が変われば行動が変わり、行動が変われば生き方が変わります。著者をはじめ、本作りに関わる多くの人の想いがそのまま形となった、文化的遺伝子としての本には、大げさではなく、それだけの力が宿っていると思うのです。

沈下していく地盤の上で、他のみんなと一緒に身動きが取れないまま、大きな穴へと落ちていくのか？　それとも、重力に逆らって立ち上がり、前を向いて最前線で戦っていくことを選ぶのか？

星海社新書の目的は、戦うことを選んだ次世代の仲間たちに「武器としての教養」をくばることです。知的好奇心を満たすだけでなく、自らの力で未来を切り開いていくための〝武器〟としても使える知のかたちを、シリーズとしてまとめていきたいと思います。

2011年9月

星海社新書初代編集長　柿内芳文

SEIKAISHA SHINSHO